Carl Friedrich von Weizsäcker

Deutlichkeit

Beiträge zu politischen
und religiösen Gegenwartsfragen

Hanser Verlag

ISBN 3-446-12623-6

Alle Rechte vorbehalten

© 1978 Carl Hanser Verlag München Wien

Herstellung: May & Co., Darmstadt

Printed in Germany

Inhaltsverzeichnis

Vorwort

»Deutlichkeit« als Titel einer Sammlung aktualitätsbezogener öffentlicher Äußerungen bezeichnet eine in all diesen Äußerungen enthaltene Bitte an die Zeitgenossen. Es ist die Bitte um Unterscheidung, um deutliches Denken. Nicht »deutliche Äußerungen« sind nötig, in jenem falschen Ton, mit dem jemand, der die Selbstbeherrschung in einem Gespräch verloren hat, seine schlechten Manieren durch den Satz beschönigt: »Da wurde ich deutlich.« Das Gegenteil ist gemeint, die Selbstkritik, die sich auch von starken eigenen Gefühlen noch einmal vernünftig distanzieren kann, um zu fragen, warum gerade diese Gefühle aufgetaucht sind und was sie dem Bewußtsein zeigen wollen. Descartes bezeichnete es als Bedingung der Wahrheit eines Gedankens, daß er klar und deutlich gedacht sei, clare et distincte, was man auch als »durchsichtig und unterschieden« übersetzen könnte. Um Arzt zu sein, genügt es nicht, Mitleid mit den Kranken zu haben; man muß präzise Diagnosen und Therapien zuwege bringen. In der Politik, der Pädagogik, der Seelsorge ist es nicht anders.

Die hier gesammelten Vorträge und Aufsätze sind sämtlich in den Jahren 1977 und 1978 aus aktuellen Anlässen verfaßt worden. Die drei ersten beziehen sich auf politische Fragen, und zwar auf genau die zwei Fragen der Verteidigung der innenpolitischen Freiheit und der Energieversorgung. Die drei letzten sind im kirchlichen Zusammenhang entstanden: eine Gedenkrede und zwei Versuche, das Verhältnis der Kirchenlehre zum modernen Bewußtsein besser zu verstehen. Ich hatte zunächst daran gedacht, die beiden Dreiergruppen in zwei getrennten Bändchen zu veröffentlichen, da die Adressatenkreise verschieden sind und folglich auch die jeweilige Diktion verschieden ist, in der ich versucht habe, sie anzureden. Der Verleger meinte, sie könnten sich gegenseitig erläutern, und ich folge seinem Vorschlag der Vereinigung in einem Band. Ich füge dazu einen weiteren Aufsatz, den ich als eine Art Bindeglied zwischen beiden Gruppen stelle, weil er den Übergang von den praktisch-politischen Fragen zu denen des kulturellen und letztlich des religiösen Bewußtseins herstellt, an Hand der Frage nach einer »asketischen« Kultur.

Man wird jedem dieser Texte sofort die Beziehung auf Fragen ansehen, die heute öffentlich erörtert werden. Jeder Text bedeutete, meiner Absicht nach, die Bitte an einen wohldefinierten Adressatenkreis, in einer wohldefinierten Frage Deutlichkeit, also Unterscheidung walten zu lassen. In einigen Texten habe ich für diesen Band gewisse Passagen, die den Adressatenkreis direkt ansprachen, gestrichen, um nicht durch den Anlaß von der grundsätzlichen Frage abzulenken. In der Mehrzahl der Vorträge habe ich aber den Bezug auf den äußeren Anlaß unverändert stehengelassen, weil dadurch der Antwortcharakter meiner Äußerung sichtbar wird.

Selbstverständlich erhebe ich nicht den Anspruch, selbst deutlich genug zu sein. Deutlichkeit, Ausarbeitung eines wachen Bewußtseins, ist eine Gemeinschaftsaufgabe; ein Einzelner kann nur seine Willigkeit zur Mitarbeit bekennen.

Starnberg, im März 1978   C. F. v. Weizsäcker

1. Die Verteidigung der Freiheit*

Die Welle des Terrorismus, die seit dem Anfang unseres Jahr-
zehnts verstärkt um den Erdball geht, hat im Jahre 1977 auch
unser Land schwerer getroffen als zuvor. Wir ehren heute vier
Männer, die im Kampf gegen den Terrorismus und um den
Terrorismus wesentliches zur Verteidigung der Freiheit bei-
getragen haben. Wie es in der Tradition des Theodor-Heuss-
Preises liegt, drücken wir wenigen den Dank sichtbar aus, der
vielen gebührt; vielen, die jeweils an ihrer Stelle dasselbe getan haben. Die Ehrung der vier soll eine Ermutigung für alle
sein.

Das Lob der heutigen Empfänger des Preises und der Me-
daillen hören Sie aus anderem Munde; ich soll etwas Grundsätzliches zur Verteidigung der Freiheit sagen. Aber bitte erlauben Sie mir gleichwohl, mir selbst die Freude zu machen,
jeden der vier einmal namentlich zu nennen. Helmut Schmidt,
auf dem die ungeheure Last der letzten Entscheidung lag, und
der letzten Verantwortung aller Entscheidungen. Alfred
Grosser, der uns Deutschen seit langem und auch jetzt den
Dienst erweist, die uns gebührende Kritik uns ins Gesicht, die
uns gebührende Verteidigung unseren kritischen Nachbarn zu
sagen. Manfred Rommel, der in seiner Stadt Stuttgart die
Stimme der gesunden Vernunft so deutlich hat ertönen lassen,
daß sie im ganzen Lande gehört wurde. Johannes Hansel-
mann, der klar ausgesprochen hat, wo zwischen Gewalt,
Angst und Haß der Ort des Christen ist.

Was ist Verteidigung der Freiheit? Ich gliedere die Frage
dreifach auf: Welches Gut verteidigen wir in der Freiheit?
Gegen wen verteidigen wir die Freiheit? Mit welchen Mitteln
verteidigen wir die Freiheit?

* Rede zur Verleihung des Heuss-Preises, Januar 1978.

Die Freiheit, die wir verteidigen, ist ein moralisches und ein politisches Gut. Moralisch ist sie eine Forderung an den Einzelnen, politisch ist sie ein lebenswichtiger Nutzen für das Ganze.

Freiheit als moralisches Gut ist nicht die Freiheit, die ich für mich in Anspruch nehme, sondern die Freiheit, die ich dem Mitmenschen gewähre. Wenn ich für mich Freiheit in Anspruch nehme, so heißt das, daß ich von meinen Mitmenschen fordere, mir Freiheit zu gewähren. Das darf ich von ihnen fordern, wenn auch ich ihnen Freiheit gewähre, d. h. wenn ich mich mit ihnen gemeinsam unter das Prinzip der Freiheit stelle. Das Prinzip besagt eben, daß wir einander die Freiheit zu gewähren, schärfer: zu garantieren haben.

Warum aber ist es für den Einzelnen gut, frei zu sein? Die Antwort scheint zunächst einfach. Freiheit von Zwang, Freiheit, mein Handeln selbst zu bestimmen, ist angenehm; in gewissen Situationen kann sie lebenswichtig sein. Nimmt aber mein Mitmensch dieselbe Freiheit in Anspruch, die ihm angenehm ist oder lebenswichtig scheint, so geschieht es nur zu leicht, daß er meine Freiheit damit verletzt. Sollen er und ich frei sein, so müssen wir beide unsere Freiheit beschränken. Die Gesellschaft muß, und darf daher, im Interesse der Freiheit aller die Freiheit jedes Einzelnen einschränken. Die reifste Form dieser Einschränkung ist aber die Selbsteinschränkung durch Einsicht: der Einzelne erkennt die Regel, der jeder folgen muß, um jedem die Freiheit zu gewähren, und er hält sich freiwillig an die Regel. Das ist der moralische Sinn des Prinzips der Freiheit.

Erst hier liegt die wahre Antwort auf die Frage, warum es für den Menschen gut ist, frei zu sein. Es ist für ihn gut, die Reife der Vernunft zu erreichen, in der er das Prinzip der

Freiheit freiwillig anerkennt. Auch psychologisch gesehen ist er erst dann frei. Denn Willkürhandlungen, die der unreife Mensch für freie Handlungen hält, stehen in Wirklichkeit unter seelischen Zwängen, die er nicht durchschaut. Frei zu sein heißt insbesondere, Distanz von sich selbst zu haben. Vernunft macht Freiheit möglich.

Freiheit als politisches Gut ist eine Gesellschaftsordnung, die das Prinzip der Freiheit anerkennt und durchsetzt. Sie bringt einen lebenswichtigen Nutzen für das Ganze. Denn sie erleichtert es dem Einzelnen, vernünftig zu sein. Sie gestattet ihm, seinen Beitrag zum Wohl des Ganzen mit Verstand und gutem Willen zu liefern. Sie ermöglicht die in schwierigen Fragen unerläßliche gemeinsame Wahrheitssuche durch freie Diskussion. Freiheit macht Vernunft möglich.

Dies ist die ideale Theorie der politischen Freiheit. Alles kommt darauf an, ob wir eine reale Gesellschaftsform haben, die sich diesem Ideal annähert. Wir wissen, wie weit die Wirklichkeit unserer Gesellschaft von dem Ideal entfernt ist; noch schlimmer, manche von uns scheinen nicht zu wissen, wie weit sie sich von dem Ideal entfernt. Es gibt hier zwei Formen des Auseinanderklaffens von Ideal und Wirklichkeit. Die eine ist die Verweigerung der Freiheit für die Anderen. Die andere ist ein vernunftloser Gebrauch der Freiheit im eigenen Interesse oder unter den eigenen Trieben; ein Gebrauch der Freiheit, der ihren moralischen Sinn nicht kennt, nicht kennen will. Deshalb kann man unsere Gesellschaft mit starken Gründen von zwei Seiten her kritisieren. Man kann ihr vorwerfen, daß die realen, zumal ökonomischen Machtverhältnisse aus ihr ein Zwangssystem machen: der Vorwurf der Repressivität. Man kann ihr vorwerfen, sie richte sich durch vernunftlosen Gebrauch der Freiheit selbst zugrunde: der Vorwurf der Permissivität.

Gleichwohl dürfen wir und müssen wir unsere reale Gesellschaftsordnung verteidigen. Wir werden, wenn wir sie verlieren, keine bessere bekommen. Der liberale Rechtsstaat ist ein moralisches Gut ersten Ranges, und seine Verwirklichung in der repräsentativen Demokratie ist immerhin eine der intelligenten Erfindungen, die die Menschheit im Felde der Politik gemacht hat. Die Stärke des Systems liegt gerade darin, daß man es von seinen eigenen Prinzipien her kritisieren kann. Der Rechtsstaat ist ein moralisches Gut. Im liberalen Rechtsstaat schafft das Recht den Raum der vernünftigen Freiheit. Recht ist nicht selbst Moral; Legalität und Moralität sind scharf zu unterscheiden. Aber Legalität ist eine Forderung der politischen Moral, aus einsehbaren Gründen. Über die wahre Moralität der Handlungen unserer Mitmenschen, ja unserer eigenen Handlungen werden wir nie die volle Gewißheit bekommen. Hier gilt der biblische Satz: Richtet nicht, auf daß ihr nicht gerichtet werdet. Aber die Legalität einer Handlung ist kontrollierbar; deshalb muß die Gesellschaft Organe haben, die in selbst legaler Form über sie richten. Das einhaltbare Recht entlastet uns von den unerfüllbaren Forderungen des moralischen Rigorismus an die Gesellschaft, Forderungen, die immer wieder in Haß und Selbsthaß umschlagen. Deshalb ist es eine tiefe Perversion, von Gerichten zu verlangen, daß sie unserem wie auch immer verständlichen Haß gegen den Verbrecher Ausdruck verleihen. Präzise Justiz entlastet uns vom Haß.

Gegen wen verteidigen wir die Freiheit?

Die Antwort klingt einfach: gegen den Terrorismus. Was ist das aber für ein Gegner? Wo fassen wir ihn, wie begreifen wir ihn?

Es ist auch notwendig geworden, die Freiheit gegen die

Angst derer zu verteidigen, denen sie zugutekommen soll, gegen die Angst der Bürger. Eben diese Angst zu erzeugen, ist das unmittelbare Ziel des Terrors. Angst schließt die Augen. Handeln kann man nur mit offenen Augen. Also müssen wir den Terrorismus ansehen. Nochmal: Was ist der Terrorismus? Was will dieser unheimliche Gast von uns?

Terrorismus ist eine moderne Waffe, eine alte Lebensform, ein Krisensymptom des heutigen Bewußtseins.

Terrorismus ist eine moderne Waffe. Er ist eine Kampftechnik, zu der heute weltweit in wachsendem Maße die militärisch Schwächeren greifen, nationale, soziale, religiöse Minderheiten. Ich erinnere an Palästinenser, Iren, Basken. Wir werden nichts vom Terror in unserem Lande verstehen, ehe wir begriffen haben, warum diese Kampfesweise in der heutigen Welt immer weiter um sich greift.

Minderheiten, die sich ihrer Freiheit beraubt, in ihren Rechten verletzt, in ihrer Eigenart unterdrückt sehen, gibt es, seit es Staaten gibt, seit Jahrtausenden. Der Kleinkrieg, seit dem spanischen Aufstand gegen Napoleon unter dem Namen Guerilla bekannt, war immer ein Mittel des militärisch Schwächeren; man lese das Makkabäerbuch in der Bibel. Militärisch gesehen ist der heutige Terrorismus eine Anpassung dieser alten Kampfweisen an die moderne Technik.*

Von den modernen Waffen haben zunächst die Staaten Gebrauch gemacht. Der Staat hat den leichtesten Zugang zur Waffe. Dies hat zu einer Ausweitung und zu einer Einschränkung des Kriegs geführt. Die Ausweitung ist schon am Sprachgebrauch abzulesen: quantitativ hat man die letzten beiden großen Kriege Weltkriege genannt, qualitativ hat man – noch etwas verfrüht – von totalem Krieg gesprochen. Die Einschränkung ist die unvollständige Reaktion auf die

---

* Vgl. Franz Wördemann, *Terrorismus, Motive, Täter, Strategien*, München, Piper 1977.

Schrecklichkeit des modernen Kriegs. Wir haben heute in der machtvollen Nordhälfte der Erde einen relativ gut stabilisierten Waffenstillstand, den man Frieden nennt. Im Machtvakuum des Südens werden immerhin die ausgebrochenen Kriege öfters durch das Eingreifen der Großmächte beendet. Eben diese Hemmung des großen Kriegs, das Patt der Mächte, läßt kampfbereite Minderheiten zum Mittel der Guerilla oder des Terrorismus greifen.

Der Guerillakämpfer muß, wie Mao Tse-tung sagt, in der sympathisierenden Bevölkerung schwimmen wie der Fisch im Wasser. Der individuelle Terror hingegen wird geübt, wo diese Sympathie nicht vorauszusetzen ist, er wird geübt zur Demoralisierung des Gegners, zur langsam fortschreitenden Schaffung der revolutionären Situation, die anfangs nicht bestand. Zu seinen Zielen gehört es, die angegriffene Autorität zu Handlungen herauszufordern, die sie in den Augen der schwankenden Kritiker der bestehenden Herrschaft als die rechtswidrige Tyrannis darstellen, die sie anfangs objektiv oft gar nicht war. Auch der heutige Terrorist aber schwimmt in einem Wasser, nur nicht im Wasser menschlicher Sympathie, sondern in den kommunizierenden Röhren der modernen weltweiten Technik. Ihm stehen die Flugrouten und Autostraßen, die Waffenarsenale und Banken der heutigen Weltwirtschaft zur Verfügung, wenn es ihm nur gelingt, nach jedem punktuellen Schlag in den Schatten zurückzutauchen, aus dem er für eine Minute oder eine Woche aufgetaucht war. Modernität ist heute kein Monopol der Herrschenden mehr. Die Gleichwertigkeit der Waffen stellt sich her.

Soviel zu Waffen. Nun zur Motivation.

Der Terrorismus ist eine alte Lebensform. Über Motive wissen Dichter oft früher Bescheid als andere Leute, so wie der Erste Weltkrieg außer von einigen Sozialisten fast nur von Dichtern aller europäischen Nationen vorhergesagt wurde.

Vor hundert Jahren schrieb Arthur Rimbaud: »Voici les temps des Assassins«: die Zeiten der Assassinen sind gekommen. Assassin heißt im Französischen und von dort her im Englischen der politische Mörder. Aber woher kommt dieses Wort? Die Assassinen waren ein streng disziplinierter religiöser Orden im Islam der Stauferzeit, der ein Jahrhundert lang im Mittleren Osten durch Meuchelmorde große politische Macht ausübte. Der Name »Assassinen«, mit dem man sie bezeichnete, bedeutete »Haschisch-Esser«. Sie verschafften sich, so sagte man, durch Drogen das Vorerlebnis des Paradieses, das ihnen nach Ausführung der befohlenen Morde gewiß war. Das Rauschgift ist hier, wie so oft, nur der billige Weg zu einem Grunderlebnis. Das Erlebnis ist die Persönlichkeitssteigerung durch die Herausforderung, die man den führenden Personen des Bestehenden entgegenschleudert, durch die Einschüchterung der Massen, wie es ein anderer Dichter, der Katholik Ludwig Derleth vor siebzig Jahren gesagt hat, »unter dem Schrecken, der von der blitzenden Energie kleiner Divisionen ausgeht«. Daß diese Persönlichkeitsinflation mit der Verzweiflung abwechselt, ja im Grunde mit ihr identisch ist, macht sie nicht weniger verführerisch.

Der heutige Terrorismus ist ein Krisensymptom des heutigen Bewußtseins. Das gilt vor allem von dem Terrorismus, der sich nicht aus einem erkennbaren Gruppeninteresse herleiten läßt wie derjenige der Palästinenser, Iren, Basken, der israelische Terror und Gegenterror, oder auch noch der Terror rechtsradikaler Nationalisten wie sie in der italienischen und spanischen Terrorszene eine so große Rolle spielen. Krisensymptom des heutigen Bewußtseins, der heutigen Kultur ist vor allem der keinem Gruppeninteresse dienende Terrorismus, den nun auch unser Land kennenlernt, der Terrorismus radikaler Verweigerung der bürgerlichen Gesellschaft, getragen fast ausschließlich von Kindern des Bürgertums. Numerisch sind sie eine verschwindend kleine Gruppe. Von den rund zehn Millionen ihrer Jahrgänge in unserem Volk wären selbst zehntausend Sympathisanten nur der tausendste Teil, selbst hundert Täter nur der hunderttausendste Teil. Nicht ein Prozent der Mordtaten jedes Jahres fällt ihnen bisher zur Last; so viel größer ist in unserem ruhigen Lande die sogenannte normale Kriminalität als der Terror. Aber sie sind ein Symptom unserer Kultur. Sie entstammen unserer intellektuellen Elite. Noch in der Erregung, mit der wir ihre Taten verurteilen, spiegelt sich unsere direkte Betroffenheit. Welche Krise zeigen sie an?

Das Wichtigste, wenn wir die Krise verstehen wollen, ist, ihr ruhig ins Auge zu sehen. Der Dämon hält den menschlichen Blick nicht aus. Blicken wir ruhig und unverwandt, so verzieht sich der Nebel und wir bekommen etwas zwar Gefährliches, aber Verständliches zu sehen. Wir sehen Wege in der Gefahr. Der Verweigerungsterror ist nicht die Krise; er ist zwar eine wirkliche Gefahr, aber er ist nur ein wirres Symptom, ein verzerrtes Randphänomen der wirklichen Krise.

Krisen sind ein Normalphänomen der Geschichte. Jede Evolution vollzieht sich in einer Abfolge von Ebenen und Krisen. Über das Bild, das ich mir von unserer Krise gemacht habe, kann ich mir in der Kürze dieser Rede nur wenige Sätze erlauben. Wir erleben, in wieder einmal zugespitzter Form, die Ambivalenz des Fortschritts, die notwendige Selbstkritik der neuzeitlichen Willens- und Verstandeskultur. Das neunzehnte Jahrhundert Europas und Nordamerikas hat die technisch-kapitalistische Lebensform geschaffen, die ihre ungelösten Probleme durch innere und äußere Expansion vor sich herschob. Die Krisenzeit der zwei bisherigen Weltkriege trat ein, als die politische Expansion an ein Ende kam, weil sich, wie man gesagt hat, die Erde als rund erwies. Die zwei Jahrzehnte nach dem Zweiten Weltkrieg fanden das Erlebnis der

16

Sinnerfüllung zumal in Europa im materiellen Wiederaufbau bis zu einem bisher beispiellosen Reichtum. Seitdem erfährt die Menschheit in zunehmender Verunsicherung die Endlichkeit dessen, was dieses Modell des wachsenden Wohlstands zu leisten vermag. In den reichen Ländern nimmt der Wachstumsimpuls ab und die Schalheit einer glücksorientierten Gesellschaft wird, oft ohne Einsicht in die Ursachen, empfunden. In den armen Ländern geschieht der Fortschritt langsamer als erhofft und eher unter Verschärfung als unter Abbau der sozialen Ungleichheiten. Der Kommunismus beweist durch die Tat, daß er Herrschaft nicht überwindet, sondern neu errichtet.

Es ist jetzt zehn Jahre her, daß eine revolutionäre Welle durch die intellektuelle Jugend der Welt ging, rings um die Nordhalbkugel, von Berkeley über Paris, Frankfurt, Prag, Schanghai bis Tokio. Das Gemeinsame der Bewegung war der Protest gegen die verfestigten herrschenden Systeme, so verschieden diese sich selbst auch darstellen. Mit ihrem Ziel politischer Revolution ist die Bewegung überall gescheitert, was meist schon am Anfang vorherzusehen war. Am spätesten kam ihr Scheitern in China, wo das Singuläre geschah, daß sich der Vorsitzende der herrschenden Partei, selbst in einen parteiinternen Machtkampf verwickelt, mit ihr identifizierte. In Prag scheiterte die Bewegung an der russischen Militärmacht, im Westen scheiterte sie daran, daß sie nirgends die Sympathie der saturierten breiten Bevölkerung, zumal der vergeblich umworbenen Arbeiterklasse gewann. Die Bewegung blieb ein Krisensymptom; sie wurde keine reale Krise unserer Gesellschaft. Ihre fast selbstverständliche Niederlage darf uns nicht darüber täuschen, daß wir keines der Probleme gelöst haben, an denen sich der Protest, der in seinen Anfängen rational war, entzündet hatte. Die heutige intellektuelle Jugend unseres Landes empfindet im eigenen Leben vielfach den wachsenden Konkurrenzdruck, die Ungewißheit des Arbeitsplatzes und eine Sinnlosigkeit der angebotenen Lebensform. Auch die Hoffnung des Protests ist enttäuscht.

Was ist aus den Trägern jener Bewegung heute geworden? Die meisten sind die Bürger geworden, die sie immer waren, inzwischen Bürger mit Weib und Kind, mit Berufssorgen und kritischen Ansichten. Eine viel kleinere Zahl hat sich der organisierten kommunistischen Partei und deren langfristiger Strategie unterworfen. Eine noch viel kleinere Zahl wurde durch die Verzweiflung über das Scheitern jeder revolutionären Hoffnung in den Terrorismus getrieben.

Mit welchen Mitteln verteidigen wir die Freiheit?

Gegen den einzelnen kriminellen Akt des Terrors verteidigt unsere Polizei unmittelbar Leib und Leben der Bedrohten. Wir schulden ihr ständigen Dank und immer einmal wieder Bewunderung für ihren Einsatz gegen einen intelligenten und bedenkenlosen Feind. Der einzelne Terrorakt aber ist Teil einer Strategie des Terrors. Diese zielt gegen die politische Ordnung, die wir die Ordnung der Freiheit nennen. Wollen wir die Freiheit gegen diese Strategie verteidigen, so müssen wir eben diese Strategie verstehen.

Das unmittelbare Ziel der Terroristen in der heutigen bürgerlichen Welt ist nicht die Revolution. Sie wollen zwar die Revolution. Aber sie haben zur Waffe des Terrors gegriffen, weil sie an der unmittelbaren Verwirklichung der Revolution verzweifelt sind. Sie wollen das Potential der Revolution schaffen, das heute nicht besteht. Dazu treiben sie eine psychologische Kriegführung. Sie müssen, gemäß ihrer Strategie, das bei uns herrschende System diskreditieren. Sie müssen den Glauben an seine Rechtmäßigkeit und an seine Kraft zur Selbstverteidigung unterminieren. Für diesen psychologischen Feldzug haben sie heute wenigstens vier verschiedene Zielgruppen: die führende Schicht unserer Gesellschaft, die breite Masse der Bevölkerung unseres Landes, die öffentliche Meinung des Auslands, und, kurzfristig wohl das wichtigste, das Reservoir ihrer eigenen Sympathisanten.

In vielen Gesprächen, in denen ich solche Gedanken vorbringe, bekomme ich die Antwort: »Aber wie können die Terroristen eine andere Reaktion auf ihre Untaten erwarten als Abwehr und Haß?« Das ist eine gesunde und unverbildete Reaktion. Es ist auch die Reaktion des gesicherten und nun in seiner Sicherheit erschütterten Bürgers. Wir müssen aber sehen, daß jede der vier Zielgruppen für eine Seite der psychologischen Strategie des Terrors anfällig ist.

Unsere Führungsschicht: Zumal in den schweren Wochen des Kampfes um das Leben von Hanns Martin Schleyer und der Crew und Passagiere der entführten Lufthansa-Maschine haben die Verantwortlichen unseres Landes, Regierung, Opposition, Presse, Polizei, eine bewundernswerte präzise Selbstbeherrschung gezeigt. Wir haben gezeigt, was wir können, wenn Not am Mann ist. Ich wage nicht zu sagen, wir hätten in den Intervallen zwischen den Angriffen der Versuchung widerstanden, einen nationalen Notstand als illegitime Waffe im legitimen Interessenkonflikt der Parteien, als Meinungsgift in einer vernunftlosen Polarisierung der politischen Emotionen zu benützen.

Die Bevölkerung unseres Landes: Von der Versuchung einer Sympathie mit den Terroristen ist die breite Masse unseres Volkes meilenfern. Der Versuchung, der begreiflichen Angst- und Haßreaktion gegen die Terroristen die Prinzipien des Rechtsstaats zu opfern, widersteht sie nur sehr unvollkommen. Diese öffentliche Meinung übt den Druck auf unsere Politiker aus, gegen Terroristen in Rechtsfragen fünf gerade sein zu lassen, und Menschen mit kritischen Meinungen wahllos zu verdächtigen. Sie weiß nicht, daß sie damit direkt in das offene Messer der psychologischen Kriegführung des Terrorismus rennt. Die Terroristen glauben, unser Staat sei kein Rechtsstaat. Sie wollen ihn entlarven, so wie man einen Heuchler entlarvt: man versetze ihm einen psychischen Schock, und er wird seine Maske für einen Augenblick vergessen und so handeln, wie er wirklich ist. Der deutsche Bürger merkt noch lange nicht, daß er auf diesen Trick hereinfällt; aber die Anderen merken es.

· Das Ausland: Wir Deutschen verübeln es unseren Nachbarn zu schnell, wenn sie uns nicht lieben. Das ist Mangel an ruhig-kritischer Selbsteinschätzung, an Distanz zu uns selbst. Man bewundert unsere Leistung; unsere oft humorlose Erfolgsanbetung kann man nicht lieben. Und der Schatten, den Hitler auf den deutschen Namen geworfen hat, wird nie mehr ganz verschwinden. Die Tat von Mogadischu hat die Welt bewundert. Aber in weiten Kreisen Italiens und Frankreichs hielt man für selbstverständlich, daß die Tode von Stammheim nicht Selbstmorde, sondern Morde waren. Die Meinung, unsere konservative Bundesrepublik, in der die Menschen manchmal die Ordnung noch wichtiger finden als das Recht, sei eigentlich schon ein faschistischer Staat, klingt manchem unserer Nachbarn nicht ganz abwegig, so falsch sie auch ist. Dies aber ist nicht ungefährlich. Unsere äußere und innere Stabilität hängt an der westlichen außenpolitischen Ordnung, der wir eingefügt sind. Diese aber setzt Vertrauen ihrer Partner zu einander voraus. Es kann uns nicht gleichgültig sein, welches Bild wir der Welt bieten.

Die Sympathisanten: Die Terroristen müssen heute eingesehen haben, daß sie ihr Ziel nicht rasch erreichen können. Mehrere ihrer ersten Generation sind, so scheint es, an dieser Erkenntnis seelisch zerbrochen. Die zweite Generation wird sich über die Dauer ihres Kampfs keine Illusionen mehr machen können. Um so wichtiger muß es ihnen sein, Nachwuchs zu finden. Er kommt aus dem kleinen Reservoir der echten Sympathisanten. Dieses Reservoir aber wird aufgefüllt, wenn kritische junge Menschen sich in der Überzeugung bestätigt sehen, unser Staat sei kein Rechtsstaat.

Ich bin am Schluß. Mit welchen Mitteln verteidigen wir die Freiheit?

Wir verteidigen die Freiheit gegen die Terroristen durch präzises, rasches, phantasievolles, rechtmäßiges Handeln. Es ist nicht meine Sache, die Instrumente dieses Handelns aufzuzählen. Der Kampf ist noch nicht gewonnen. Die Menschheit, und damit auch unsere Nation wird wahrscheinlich noch größere Aktionen der Terroristen erleben als bisher. Wir sollen das vorweg bedenken, um nicht in Panik zu verfallen, wenn es geschieht. Auch diese Bäume werden nicht in den Himmel wachsen. Wir verteidigen die Freiheit gegen die sich selbst irreleitende Angst der Bürger, wir verteidigen sie durch Festhalten am Recht. Es ist wichtig, den Bürgern unseres Landes verständlich zu machen, welche Gefahr sie laufen, wenn sie in die Falle treten, die ihnen der Terror stellt. Ich füge ein Wort hinzu, das ich nicht als Liberaler, aber als Christ zu sagen habe. Wir verteidigen die Freiheit nicht, wenn wir nicht imstande sind, auch im Feind den Bruder zu lieben. Das Recht muß vollzogen werden, in aller Strenge. Aber eben das Recht entlastet vom Haß.

Wir verteidigen die Freiheit vor allem aber, indem wir sie gebrauchen. Freiheit ermöglicht Vernunft. Die Vernunft findet viel zu tun in der heutigen Welt.

2. Hat das parlamentarische System eine Zukunft?*

Heute vor 30 Jahren begann der erste gewählte Landtag des Landes Niedersachsen seine Sitzungen. Sie, Herr Präsident des Landtags, haben mich eingeladen, am Jubiläumstag eine Festrede zu halten. Dieser Einladung bin ich schon aus einem persönlichen Grund sehr gern gefolgt. Ich habe zu den Wählern jenes ersten gewählten Niedersächsischen Landtages gehört. Ich arbeitete damals am Max-Planck-Institut für Physik in Göttingen. Wenn man, sei es auch nur als einer von schätzungsweise 3 Millionen Wählern, ein solches Kind mit aus der Taufe gehoben hat, so kommt man gern zur Feier seines 30. Geburtstages.

Ein Jubiläum einer Institution aber ist zugleich eine Gelegenheit zu kritischer Selbstprüfung. Und dies ist der eigentliche Grund, aus dem ich gern der Aufforderung folge, zu einem Parlamentsjubiläum in der Bundesrepublik zu sprechen. Kann dieses politische System, in dem wir uns eingerichtet haben, dauern? Haben wir Anlaß zu erwarten, man werde in 30 Jahren das 60jährige, in 70 Jahren das 100jährige Jubiläum eines frei gewählten und verantwortlich entscheidenden Parlaments in unserem Volk feiern können? Hat das parlamentarische System eine Zukunft?

Vor 30 Jahren erschien die Zukunft dieses Systems, das wir nach der Unterbrechung durch die zwölf düstersten Jahre unserer nationalen Geschichte wieder einrichteten, keineswegs gesichert. Zehn bis zwanzig Jahre später sahen wir sehr viel hoffnungsvoller in die Zukunft. Heute mischen sich in eine solche Zukunftsfrage schon wieder mehr skeptische Töne.

* Vortrag zum Jubiläum des Niedersächsischen Landtags, Mai 1977.

23

Wird unser System der Gewaltenteilung die administrativen Aufgaben lösen können und die Sachprobleme bewältigen, die auf uns andrängen, beispielsweise die Probleme der Arbeitslosigkeit und des Umweltschutzes, um nur zwei der der heutigen Öffentlichkeit geläufigsten zu nennen? Wird das Parlament seiner Funktion beraubt, sei es durch Entscheidungen, die in der Exekutive oder in den Gerichten fallen, sei es durch innerparteiliche Machtkämpfe oder durch außerparlamentarische Opposition? Ist vielleicht der Verdacht berechtigt, den jeder der beiden parlamentarischen Flügel gegen den anderen hegt oder zumindest in Wahlkämpfen äußert, sein parlamentarischer Gegner unterhöhle in Wahrheit bereits unsere parlamentarische Demokratie? Könnten vielleicht sogar alle beide Flügel mit dem Verdacht gegen ihren jeweiligen Gegner ab und zu ein klein wenig recht haben? Wenn all dies am Ende doch nicht so schlimm ist, muß ich doch fragen, wird unser parlamentarisches System dem Druck unseres übermächtigen Nachbarn, der kommunistischen Weltmacht, standhalten?

Gehen wir von der Perspektive unseres Kirchturms in die weite Welt: Hat die parlamentarische Demokratie weltweit eine Chance gegen die Macht der kommunistischen Parteien, der Militärdiktaturen und der Wirtschaftskonzerne? Erweist sie sich fähig, irgendeines der großen Weltprobleme zu lösen, wie die Entwicklung der wirtschaftlich unterentwickelten Länder, die Vermeidung weltweiter Umweltkatastrophen oder die Verhütung der Kriege? Hat die parlamentarische Demokratie die denkende Jugend der Welt auf ihrer Seite, oder hat sie sich dieser Jugend durch Unfähigkeit zur Problemlösung bereits unwiderruflich entfremdet? Darf man die phantastische Hoffnung hegen, es werde auf die Dauer freie Landtage in Hannover geben, wenn sich herausstellen sollte, daß es auf die Dauer keine freien Parlamente in Delhi oder in Santiago de Chile geben kann oder daß in Moskau oder Peking niemals frei gewählte Parlamente tagen werden? Was sollen wir über solche Fragen denken? Was sollen wir angesichts solcher Fragen tun?

Dieser Vortrag wird drei ineinandergreifende Teile haben. Zuerst eine lockere Bestandsaufnahme, eine notgedrungen subjektive Bewertung der bisherigen Erfolge und Mißerfolge unseres Systems. Dann eine grundsätzliche Erwägung seiner Bedeutung, also ein Stück politischer Philosophie. Dann folgen einige wenige Gedanken über die vor uns und unserem System stehenden Aufgaben. Ich werde mich dabei immer an das Grundsätzliche, nicht an das von Tag zu Tag so wichtige Detail halten.

Zur Bestandsaufnahme eine erste summarische Behauptung: Die parlamentarische Demokratie hat in den wirtschaftlich fortgeschrittensten und hochindustrialisierten Ländern eine erstaunliche Widerstandskraft gegen alle alternativen politischen Formen gezeigt. In den wirtschaftlich rückständigeren Gebieten der Welt kann man hingegen das Auf und Ab ihrer Erfolge nur mit tiefer Skepsis betrachten. Wollen wir diese These präzisieren, so müssen wir die alternativen politischen Systeme ein wenig aufgliedern.

In einer nicht immer ganz klaren Weise teilt die parlamentarische Demokratie ihre Gegner danach ein, ob sie links oder rechts von ihr selbst stehen. Man hat bei dieser Einteilung das angenehme Gefühl, man selbst befinde sich in der Mitte. Um des einfachen Ausdrucks willen übernehme ich zunächst diese Einteilung. Da gibt es auf der Linken den politisch durchorganisierten Kommunismus in seinen verschiedenen Observanzen. Es gibt zumal in der dritten Welt auch militant-sozialistische antiparlamentarische Gruppen, denen der Kommunismus, zumal Moskauer Observanz, längst zu reaktionär, zu konservativ, zu zaristisch ist. Es gibt dann das ganze Spektrum national-sozialistischer Formationen bis hin zu solchen, die man gern faschistisch nennen wird. Es gibt die heutzutage wieder recht erfolgreiche Regierungsform der Militärdiktatur. Es gibt schließlich mehr oder weniger modernisierte alte Feudalherrschaften. Vor dem Hintergrund dieser lockeren Aufgliederung der Alternativen zur parlamentarischen Demokratie wollen wir nun die These ihrer Stabilität in wirtschaftlich hochentwickelten und ihrer Instabilität in wirtschaftlich rückständigen Ländern historisch überprüfen.

Zunächst zu den mehr oder weniger wirtschaftlich hochentwickelten Nationen der westlichen Welt. Wo in ihnen ist das parlamentarische System in unserem Jahrhundert jemals durch ein anderes System abgelöst worden? Folgende Beispiele kämen allenfalls in Betracht: Zwischen den Weltkriegen die Machtergreifungen Mussolinis in Italien, Hitlers in Deutschland, Salazars und Francos in Portugal bzw. Spanien und die fortdauernde Instabilität auf dem Balkan und in Osteuropa. Nach dem Zweiten Weltkrieg die Stabilisierung der kommunistischen Herrschaft in Osteuropa – am spektakulärsten war wohl die gewaltsame Abschaffung der dort bestbegründeten parlamentarischen Demokratie, nämlich der tschechoslowakischen, 1948. Die zeitweilige Militärdiktatur in Griechenland sowie Militärdiktaturen in Lateinamerika, zumal in Brasilien und Argentinien. Ich nenne außerdem noch ein paar denkbare Beispiele, um zu sagen, inwiefern sie keine vollgültigen Beispiele sind: Castro in Kuba bezeichnet einen Sieg des Kommunismus, aber über eine Diktatur. Allende in Chile begann als gewählter Präsident, der sich auf eine parlamentarische Minderheit stützte, und endete, ehe das parlamentarische System die entscheidende Probe gegen die Linksrevolutionären unter seinen Gefolgsleuten bestanden hatte, unter dem Gegenschlag des Militärs. De Gaulle hat in Frankreich das parlamentarische System nicht abgeschafft, sondern durch die Stärkung des gewählten Präsidenten modifiziert. Außerhalb der europäisch-amerikanischen Sphäre wäre nur die autoritäre Entwicklung Japans vor dem Zweiten Weltkrieg als Beispiel zu nennen.

Mustern wir diese Beispiele, so finden wir ein paar allgemeine Fakten: Erstens blieben die altetablierten Demokratien in Nordamerika, England, Skandinavien, den Niederlanden, der Schweiz von innen her stets ungefährdet; die Demokratie wurde durch Hitlers Eroberung in einigen Ländern nur kurz von außen her suspendiert. Zweitens sind fast alle unsere Beispiele schon den wirtschaftlich rückständigeren Regionen zuzurechnen. Das massivste Gegenbeispiel hiergegen ist Hitlers Sieg im hochentwickelten Deutschland. Dieses singuläre Ereignis war durch einen verlorenen Krieg und eine tiefe Wirtschaftskrise ausgelöst und wurde durch eine noch mangelhafte Erfahrung der Nation in echt parlamentarischer Regierung erleichtert. Drittens sind kommunistische Parteien bisher niemals in kapitalistischen, parlamentarischen Ländern von innen her an die Macht gekommen. Niemals hat eine kommunistische Partei eine absolute Mehrheit bei freien Wahlen gehabt, vielleicht – die Daten sind mir nicht vollständig bekannt – sogar niemals eine relative Mehrheit. Nie ist eine kommunistische Partei durch Teilnahme an einer Regierungskoalition permanent in der Macht geblieben, nie hat sie einen erfolgreichen Staatsstreich gegen ein Parlament gemacht, außer unter dem Schutz fremder imperialer Waffen, wie in Osteuropa. Die Abschaffung der Demokratie in westlichen Ländern ist, wo sie überhaupt erfolgt ist, von rechts erfolgt. Aber auch die Mehrzahl der von mir aufgezählten Rechtsregime ist geschichtlich gescheitert, freilich oft in blutiger, kriegerischer Form.

Dies ist ein Rückblick. Er stimmt optimistisch für die Stärke der parlamentarischen Demokratie. Unsere Frage ist, ob es so bleiben wird. Zunächst aber betrachten wir die andere größere Hälfte der Menschheit, die kommunistischen Staaten und die dritte Welt.

Diese Nationen sind in ihrer überwiegenden Mehrzahl von der Technisierung der Wirtschaft erst in den letzten Jahrzehnten erreicht worden. Der ständige Fortschritt technischer Modernität und der dadurch erzeugte Wohlstand ist in ihnen nicht wie in Westeuropa und Nordamerika eine jetzt schon alteingewurzelte Tradition, sondern eine in raschen und ungleichen Schritten vordringende Neuerung. Wirtschaftlich sind sie verglichen mit uns nach Kriterien wie Sozialprodukt pro Kopf oder Produktivität der Arbeitsstunde in ihrer überwiegenden Mehrzahl auch heute unterentwickelt. In ihnen hat auch die politische Form, in der die wirtschaftlich hochentwickelten Länder sich heute regieren, eben die parlamentarische Demokratie, im ganzen nicht festen Fuß gefaßt. In vielen dieser Nationen, gerade in einigen der größten, hat sie noch nie bestanden, in anderen kämpft sie mit wechselndem Erfolg um ihre Existenz. Sie muß sich inmitten des Dreieckskampfes dreier Systeme behaupten, die ich mit den gängigen Schlagworten als Nationalismus, Kapitalismus und Sozialismus bezeichnen will. Jedes dieser drei Systeme ist mit parlamentarischer Demokratie vereinbar, keines der drei bedarf ihrer mit vordergründig evidenter Notwendigkeit. Jedes der drei Systeme ist in jenen Regionen der Welt heute politisch stärker als das parlamentarische Prinzip.

Der Nationalismus dürfte eine europäische Erfindung sein, eine Erfindung, die wir in Europa und zumal in Deutschland inzwischen mit Skepsis betrachten gelernt haben. Wir dürfen aber nicht verkennen, daß in der zweiten und dritten Welt das nationalistische Empfinden heute der wichtigste Träger des Pathos der Freiheit ist. Nationalistisch ist man in Asien und in Afrika im Sinne des Fortschritts gegen Feudal- oder Stammesstrukturen und ist man überall im Sinne der Unabhängigkeit gegen kapitalistische oder kommunistische Fremdherrschaft. Der Sinn für staatsbürgerliche Freiheit, der unser parlamentarisches System trägt, ist auch in der europäischen Geschichte nur denjenigen Bevölkerungskreisen zu einem starken Motiv politischen Handelns geworden, welche die außenpolitische und die ökonomische Freiheit wenigstens zu einem erheblichen Teil schon errungen hatten.

Der Kapitalismus war in der europäischen Geschichte einer der wichtigsten Förderer des parlamentarischen Systems. Ich komme im zweiten Teil des Vortrags auf die tieferen Gründe dieses Zusammenhangs zurück. Jedenfalls saßen und sitzen in den Parlamenten unserer Länder Vertreter der heimischen Wirtschaftsinteressen, der Unternehmer und der Lohn- und Gehaltsempfänger. Die Kapitalinteressen in der heutigen dritten Welt aber sind zu einem erheblichen Teil nicht dort heimische, sondern ausländische, eben in der ersten Welt beheimatete Interessen. Diese finden ihre Vertretung nicht in erster Linie in dortigen Parlamenten; ihre Partner und ihre Stabilitätsgaranten sind die Regierungen. Für eine nordamerikanische, europäische oder japanische Firma stellt sich sehr wohl die Frage, ob eine stabilisierte Militärdiktatur, eine Feudalmonarchie oder eine kommunistische Bürokratie nicht ein ruhigeres Investitionsklima biete als eine um Stabilität ringende Demokratie mit wechselnden Regierungen und mit Streikrecht. Dieser Gedanke bleibt nicht schon deshalb ungedacht, weil er unseren heimischen politischen Prinzipien widerspricht. Vielleicht bleibt er deshalb manchmal unausgesprochen.

Der Sozialismus hat heute, zumindest in der zweiten und dritten Welt, die Mehrheit der intellektuellen Jugend, also des Nachwuchses der Führungsschicht, auf seiner Seite; in der zweiten Welt, weil dort nichts anderes gelehrt wird, in der dritten Welt, weil dort der Kapitalismus als Fremdherrschaft wahrgenommen wird. Die sozialdemokratischen Parteien Europas beweisen, daß sozialistische Programme mit aufrichtiger und effizienter Mitträgerschaft des parlamentarischen Systems voll vereinbar sind. Außerhalb unseres Bereichs aber liegt die stärkere Kraft in den kommunistischen oder sozialrevolutionären Parteien, welche mit den Mitteln der Revolution den Sieg anstreben und mit den Mitteln des Einparteienregimes den errungenen Sieg behaupten. Der revolutionäre Sozialismus hat entgegen der Erwartung von Marx in vollentwickelten kapitalistischen Gesellschaften bisher nie eine Chance gehabt. In unterentwickelten, nach Marx vorbürgerlichen Gesellschaften, ist er heute einer der erfolgreichsten Träger der Modernisierung.

Wenden wir uns nun von der Bestandsaufnahme zur politischen Philosophie. Zahlreich sind die rechts- und staatsphilosophischen Theorien über den parlamentarischen Verfassungsstaat. Will ich in einem Drittel eines Vortrages zu diesem Thema etwas sagen, so muß ich mich auf wenige, meines Erachtens zentrale Punkte beschränken. Ich strebe primär nicht nach einer normativen Theorie dieses Staates, einer Theorie, die zu sagen versuchte, wie er sein soll, sondern nach einem analytischen Verständnis, warum er so ist, wie er ist, warum er hier Erfolg hat und dort nicht. Das Normative fließt von selbst mit ein, wenn wir uns als Bürger dieses Staates frei zu seinen Prinzipien bekennen. Ich fühle heute in unserem Lande zu meiner Freude keine Nötigung, zu diesem Bekenntnis eigens aufzufordern, es geschieht bei der großen Mehrheit des Volkes spontan. Ich fühle aber ein Bedürfnis, den Grund dieser Spontaneität zu verstehen.

Wir sprechen von repräsentativer Demokratie. Was heißt hier Demokratie, was heißt repräsentativ? Ich erlaube mir zunächst eine etwas pointierte, nicht ganz konventionelle Definition von Demokratie: Demokratie heißt Entscheidung durch die Betroffenen. Diese Definition werde zunächst erläutert und dann durch Präzisierung eingeschränkt. Demokratie ist ein griechisches Wort. Die klassische griechische politische Theorie kennt drei reine Verfassungstypen, die Monarchie, die Aristokratie und die Demokratie, also die Herrschaft eines Einzelnen, einer Elite oder der vielen. »demos« heißt: das Volk im Gegensatz zum Adel, »kratein« heißt: herrschen, Demokratie heißt: Herrschaft des Volkes. Wie aber kann das Volk faktisch herrschen? Wen beherrscht es eigentlich?

Wir meinen heute mit Demokratie nicht mehr, daß, wie im alten Athen, eine Partei, nämlich die Partei des Volkes, eine andere Partei, nämlich die Partei des Adels, beherrscht. Wir wollen, daß das Volk sich selbst beherrsche, also frei sei. Damit meinen wir aber nicht, daß jeder Einzelne frei ist zu tun, was er will, sondern daß die im gemeinsamen Interesse notwendigen Entscheidungen gemeinsam getroffen werden. Wie ist das technisch möglich? Das ist möglich entweder durch sukzessive Mehrheitsentscheidungen – direkte Demokratie – oder durch Vertretung – repräsentative Demokratie. Die direkte Demokratie ist mancherorts, z.B. in der Schweiz, mehr im Gebrauch als bei uns. Aber je größer die politischen Einheiten und je komplexer die moderne Gesellschaft, desto unvermeidlicher ist die Delegation vieler Entscheidungen auf Repräsentanten.

Wir müssen daher, ehe wir zum Demokratiebegriff zurückkehren, einen Blick auf den Begriff der Repräsentation werfen. Präsentieren heißt vergegenwärtigen, in realer Gegenwart vor Augen führen. Repräsentieren heißt wörtlich Wiedervergegenwärtigen. Im politischen Sprachgebrauch heißt »A repräsentiert B« soviel wie »A ist gegenwärtig und steht damit so da, als sei in ihm B gegenwärtig«. Unser politischer Repräsentationsbegriff stammt aus dem englischen Parlament des späteren Mittelalters. In diesem Parlament saßen einerseits die Herren, die Lords, andererseits die Repräsentanten der Gemeinden, der Commons. Ein Herr sitzt im Parlament, weil er selbst ein Herr ist, er ist selbst gegenwärtig. Eine Stadt- oder Landgemeinde kann nicht selbst im Parlament gegenwärtig sein, sie ist durch ihre Vertreter vergegenwärtigt. Das Parlament regierte nicht, es vertrat dem Monarchen gegenüber die Rechte und Interessen seiner Untertanen. Die Regierungsmaßnahmen des Königs betrafen seine Untertanen. Das Parlament – parlement – war der Ort, in dem die Betroffenen miteinander und zum König sprechen – parler – konnten. Man sprach ja französisch. Als dann von Jahrhundert zu Jahrhundert das Parlament mehr und mehr Entscheidungen an sich zog, kam es damit zur Entscheidung nicht mehr durch den Herrn, sondern es kam eben zur Entscheidung durch die Betroffenen.

Daß Entscheidung durch die Betroffenen wünschenswert sei, wird heute niemand mehr öffentlich zu bestreiten wagen. In diesem Sinne ist das heutige Selbstbewußtsein demokratisch. Die Frage ist nur, ob und wieweit Entscheidung durch die Betroffenen möglich ist. Hier entstehen zwei Probleme, ein technisches und ein grundsätzliches. Das technische Problem liegt in der Entscheidung gemeinsamer Anliegen großer, räumlich verteilter Gemeinschaften. Seine zwei technischen Lösungen sind die vorhin schon genannten, Plebiszit und Repräsentation. Das tiefere Problem aber ist das grundsätzliche: sind die Betroffenen, wie immer sie ihre Entscheidungen technisch organisieren mögen, der zur Entscheidung nötigen Einsicht überhaupt fähig?

Ich formuliere das Problem sofort noch grundsätzlicher und löse es dadurch für eine kurze Weile von der speziellen Frage der Möglichkeit von Demokratie. Das zentrale Problem aller Politik ist, daß gute politische Entscheidungen ohne Einsicht, ohne wahre Erkenntnis der Sachverhalte nicht möglich sind, daß aber kein Mensch den Besitz dieser Einsicht zuverlässig in Anspruch nehmen kann. Etwas abstrakter gesagt: Politik bedarf unentrinnbar der Vernunft. Vernunft aber ist kein verfügbarer Besitz eines Menschen oder einer Gruppe.

Dieses Problem nötigt mich zu einem kurzen anthropologischen Exkurs. Dem Sprachgebrauch der klassischen deutschen Philosophie folgend, unterscheide ich Verstand und Vernunft. Verstand ist das Vermögen begrifflichen Denkens in entscheidbaren Alternativen. Verstand und Wille hängen zusammen. Der Verstand kann sich vorstellen, was der Wille wollen kann; der Wille kann sich vornehmen, was der Verstand denken kann. Die neuzeitliche wissenschaftlich-technische Kultur ist, so gesehen, eine Willens- und Verstandeskultur. Vernunft hingegen nenne ich das Vermögen der Wahrnehmung eines Ganzen, zumal desjenigen Ganzen, dessen Teile wir jeweils sind. Hier spreche ich also von Wahrnehmung. Im vorbegrifflichen Erleben ist die Wahrnehmung dessen, was uns und unserer Gemeinschaft zuträglich ist, Sache des Affekts, der Affekte. Verlangen und Furcht, Liebe und Haß steuern unser Verhalten inmitten unserer Welt. Insofern kann man von einer Vernunft der Affekte sprechen. Vernunft im vollen Sinn aber setzt das begriffliche Denken voraus. Vernunft bedient sich des Verstandes, und, wenn es gutgeht, steuert sie ihn.

Es gibt einen anthropologisch verständlichen Zusammenhang zwischen Freiheit und Wahrheit, zwischen offenem Gespräch und Einsichtgewinnung. Von der organischen Evolution der Tiere her gesehen, bedeutet das begriffliche Denken eine außerordentliche Beschleunigung der Lernprozesse. Was zuträglich ist oder nicht, braucht ein denkfähiges Wesen nicht mehr von Fall zu Fall neu zu erproben. Es kann in der Vorstellung Handlungen und ihre Folgen vorweg vollziehen.

Der wichtigste Träger des begrifflichen Denkens ist die Sprache. Begriffliches Denken lernt man, indem man spricht. Deshalb ist der Dialog, das Gespräch, der wichtigste Weg zur Einsicht. Aber er ist mir nur ein Weg zur Einsicht, wenn ich in ihm mit meinen Irrtümern auch scheitern kann, wenn ich mich der Widerlegung durch Andersdenkende stelle. Deshalb wird Wahrheit am besten in Freiheit gefunden, in Freiheit bewahrt.

Politik ist das Geschäft der Entscheidung gemeinsamer Angelegenheiten menschlicher Gesellschaften. Bei den Trägern der Entscheidung bedarf sie einer Wahrnehmung des Ganzen, einer Wahrnehmung eben der jeweiligen Gesellschaft und ihrer Bedürfnisse in ihrer Umwelt. Politik also bedarf der Vernunft.

Faktisch ruht aber Politik in der menschlichen Geschichte neben der stets unvollkommenen Vernunft auf einem anderen Phänomen, auf der Macht. Macht nenne ich die dem Menschen kraft seines Verstandes eigene Fähigkeit, Mittel zu Zwecken unbegrenzt zu akkumulieren, anzusammeln. Macht ist ein Geschenk des Verstandes an den Willen, Macht ist die Brautgabe der Ehe von Verstand und Willen. Wissen, so sagt man, ist Macht. Unbegrenzte Mittelakkumulation ist zwar gegen begrenzte Gefahren, wie die Natur sie bringt, gar nicht nötig. Gegen den Hunger einer Gruppe genügt ein begrenztes Lager von Lebensmitteln, gegen Raubtiere genügt ein begrenztes Arsenal von Jagdwaffen. Zweckrational wird unbegrenzte Mittelakkumulation gegen einen Gegner, der selbst der unbegrenzten Mittelakkumulation fähig ist, also gegen einen anderen Menschen, eine andere soziale Gruppe, eine andere Nation. Macht in der Willens- und Verstandeswelt schlägt daher immer wieder um in unbegrenzte Machtkonkurrenz. Die Machtkonkurrenz ist destruktiv für das Ganze, in dessen Mitte sie stattfindet. Eben dasselbe Verhalten unbegrenzter Mittelakkumulation, das für jeden Teilnehmer an der Konkurrenz um die Macht zweckrational ist, ist irrational für das Ganze. Deshalb ist Politik seit jeher die Auseinandersetzung zwischen Vernunft und Macht.

Spätestens seit dem Auftreten der Hochkulturen, also seit wenigstens 6000 Jahren, sind die größeren menschlichen Gesellschaften in Herrschaftsstrukturen organisiert. Im Phänomen der Herrschaft finden wir die drei Komponenten der affektiven Wahrnehmung, der Macht und der Vernunft vor. Immer neu eingespielte, affektiv stabilisierte Rangordnung findet sich schon in den sozialen Gruppen der Tiere; in der berühmten Hackordnung des Hühnerhofs. Bei knappen Gütern stabilisiert sich eine Gesellschaft am leichtesten, wenn jeder weiß, wer ihm vorangeht und wem er vorangeht. Dann laufen die Dinge glatt. Menschliche Herrschaft aber basiert stets nicht nur auf physischer Stärke und anerkanntem Rang, sondern auf verständig gesicherter Macht. Herrschaft kann aber auch nicht dauern ohne eine Einsicht in das Interesse des Ganzen, sie kann nicht dauern ohne Vernunft. Es hat wohl niemals Herrschaft gegeben ohne eine Ethik, die vom Herrschenden eben diese Vernunft forderte. Mit der wachsenden Rationalisierung der europäischen Gesellschaften schon einmal in der Antike und dann wieder in der Neuzeit begann man die eigentliche Legitimierung der Herrschenden eben in ihrer Vernunft zu sehen. Herrschaft ist nötig, so das platonisierende Argument, weil Vernunft unter den Menschen selten ist. Als Platon allerdings lehrte, es werde kein Ende des Elends unter den Menschen sein, ehe die Philosophen Könige oder die Könige Philosophen würden, da erhob er im Namen der Vernunft eine revolutionäre Forderung. Spätere Herrschaftsideologien nahmen hingegen die Vernunft schlicht für die soeben regierenden Herrscher in Anspruch. Gegen diese Ideologie wendet sich das Pathos der Demokratie. Die Betroffenen sind vernünftig genug, so sagt es, sie können nicht nur das eigene Interesse, sondern das Interesse des Ganzen sinnvoll wahrnehmen. Die Demokratie steht und fällt mit der Wahrheit dieses Anspruchs. Ist er wahr oder, vorsichtiger, in welcher Form könnte er wahr sein?

Das klassische Beispiel dieses Anspruchs liegt im Felde der Ökonomie in Adam Smiths Theorie des freien Marktes. Jeder Marktteilnehmer versteht sein eigenes Interesse besser als der ferne Vater Staat, und in einem freien, transparenten, nicht durch Monopole verzerrten Markt entsteht durch das Zusammenwirken vieler verständiger Willen, durch ständige spontane dezentrale Entscheidungen ein relatives Optimum der Verteilung und ein Anreiz zur Produktion genau derjenigen Güter, nach denen Bedarf besteht. So die Theorie, die sich in zwei Jahrhunderten des Wirtschaftswachstums nicht übel bewährt hat. Wir beginnen jetzt die eingangs aufgezählten Phänomene zu erklären. Die moderne Wirtschaft ist ein Werk des Kapitalismus auf dem offenen Markt, und dieses System hat ein freiheitliches Verhalten eingeübt, einen freiheitlichen Rechtsstaat verlangt und gestützt; deshalb die Stärke dieses Staates in den wirtschaftlich modernsten Nationen.

Was für einen Staat aber braucht die freie Wirtschaft? Drei Forderungen an ihn sind klassisch: er muß nach außen militärischen Schutz gewähren, er muß im Innern die Rechtsordnung garantieren, und er muß nichtprofitable gemeinnützige Betriebe betreiben, also, modern gesagt, die Infrastruktur. Die drei Forderungen müssen wir heute erweitern. Der Staat muß nach außen eine Ordnung des Friedens und der internationalen Kooperation ermöglichen. Er muß nach innen Forderungen der sozialen Gerechtigkeit garantieren. Er muß die dem Marktgeschehen externen Kosten, wie Umweltschädigung, vermeiden oder, wo sie tolerabel sind, durch Gesetz auf den Verursacher zurückwälzen. Kurz, der Staat muß das Interesse des Ganzen wahrnehmen, er soll Vernunft praktizieren. Das geschieht nicht mehr durch bloßen Interessenausgleich. Es verlangt Einsicht. Der moderne Staat bedarf, mehr noch als jeder frühere Staat, der Wahrheit, und im Zusammenhang von Wahrheit und Freiheit liegt der Kern des liberalen Rechtsstaates.

Die europäischen Staatsverfassungen haben sich in Stufen entwickelt. In den meisten Ländern bedeutete im 17. und 18. Jahrhundert der bürokratische Staat des absoluten Monarchen einen Fortschritt gegenüber dem Feudalsystem. Hier trat die Macht in den Dienst der Vernunft, in den Dienst der Durchsetzung des erkannten Interesses des Ganzen. Der liberale Rechtsstaat, der den absoluten Staat ablöste, übernahm im Idealfall die Effizienz seines Vorgängers und fügte nicht bloß den Schutz der Interessen der einzelnen Betroffenen hinzu, sondern das Prinzip der Wahrheitsfindung in freier Debatte. Das liberale Prinzip ist meist mit dem legitimen Pathos des Verlangens nach persönlicher Freiheit und der Durchsetzung gesellschaftlicher Gerechtigkeit vertreten worden. Aber daß es faktisch Erfolg gehabt hat, daß es sich stabilisieren konnte, verdankt es zu einem erheblichen Teil der Verknüpfung eben von Wahrheit und Freiheit.

Hier kann ich aus meinem eigenen Gebiet, der Wissenschaft, Erfahrungen beisteuern. Wissenschaftliche Wahrheit wird im Gespräch gefunden, sie wird im Meinungsstreit erprobt. Die moderne Wissenschaft verdankt ihren Fortschritt dem Prinzip der Öffentlichkeit, der Freilegung jedes Ergebnisses für die Widerlegungsversuche durch die anderen Forscher. Politische Einsicht ist stets zugleich kontrovers, denn sie ist stets zugleich Instrument des Machtkampfes. Ihre Fruchtbarkeit entfaltet sich in Verfassungsformen, welche verhindern, daß sie ganz zum bloßen Machtinstrument wird. Man kann dies an der Geschichte der Institutionen des liberalen Rechtsstaates ablesen. Das Prinzip der Gewaltenteilung

setzt die Erwägungen jeder der drei Gewalten von dem Macht-
druck der beiden anderen Gewalten frei, indem es die Aufgaben begrenzt. Es wirkt, funktional gesagt, der Selbstverdummung entgegen, die jede uneingeschränkte Macht bedroht.
Fundamental für Wahrheitssuche ist dann das freie Mandat
der gewählten Repräsentanten. Die Überwindung des impe-
rativen Mandats, das den Repräsentanten zum bloßen Beauf-
tragen der Meinung seiner Wähler machte, nimmt ihn erst als
denkende Person ernst. So legitim die stets erneute Forderung
nach Basisdemokratie als Mitentscheidung der Betroffenen
ist: wenn sie das in der Französischen Revolution überwun-
dene imperative Mandat wieder einzuführen vermöchte, so
würde sie die realen Existenzbedingungen der freiheitlichen
Demokratie zerstören.

Hieran schließt sich auch für diejenigen, die nicht Mandats-
träger sind, also für jeden Staatsbürger, die Bemerkung an,
daß Schutz der Minderheit, Schutz der freien Meinung dessen,
der die Mehrheit nicht hat auf seine Seite bringen können, ein
zentrales Prinzip der freiheitlichen Ordnung und ein Garant
ihrer Vitalität, ihrer Selbstkritik, ihrer unerschöpften produk-
tiven Phantasie ist. Entscheidung durch Mehrheit ist nur die
unvermeidliche Notlösung, wo Konsens, also eigentliche
Vernunft, nicht erreicht werden kann, und Anerkennung eines gefaßten Mehrheitsbeschlusses durch die Unterlegenen
gehört zum funktionsfähigen Rechtsstaat. Eben darum aber
ist der Schutz der Minderheit gegen die siegreiche Mehrheit
das Lebenselement einer freiheitlichen Verfassung gegen die
auch der Demokratie, der Mehrheitsherrschaft, innewohnenden Tendenz aller Herrschaft zur Selbstverdummung.

Sie sehen, meine Damen und Herren, ich argumentiere hier
ständig zwar mit unverhohlenen moralischen oder normativen Untertönen, aber doch im wesentlichen funktional. Ich
will verstehen, warum die ob ihrer Ineffizienz oft getadelte li-

berale Demokratie so erfolgreich gewesen ist. Diese Erwägung geht bis zu dem oft beklagten Phänomen der ständig wiederkehrenden öffentlichen Skandale. Seien wir dankbar, wenn unser System die Skandale wenigstens ans Licht bringt; anderswo werden sie unter den Teppich gekehrt. Was den Präsidenten Nixon sein Amt gekostet hat, ist nach meiner Schätzung in einer Zweidrittelmehrheit der Mitgliedsstaaten der Vereinten Nationen selbstverständliche Praxis. Was man weiß, kann man korrigieren. Was verborgen bleibt, ist eine glimmende Zeitbombe im eigenen politischen System. Sie sehen aber auch, meine Damen und Herren, daß ich nicht zu Einzelheiten des verfassungsmäßigen Verfahrens komme, zu Bürgerinitiativen und Justizüberforderungen, zu Kernenergie und Arbeitslosigkeit Stellung nehme. Nicht die materiellen und Verfahrensentscheidungen sind das Thema dieses Vortrages – an anderer Stelle nehme ich sehr gern dazu Stellung –, sondern das Prinzip, nach dem wir sie anfassen. Hat dieses Prinzip eine Zukunft? Wenn ich es richtig beurteilt habe, muß es sie haben, wenn wir überhaupt eine Hoffnung haben wollen, unsere Zukunftsprobleme zu lösen. Es ist zu ihrer Lösung nicht hinreichend, aber es dürfte, von heute aus beurteilt, zu ihr notwendig sein.

Warum aber ist es dann im größeren Teil der Welt heute so erfolglos? Auf diese letzte Frage meines Vortrages biete ich eine doppelte Antwort, zwei ineinander verschränkte Antworten an. Die Gesellschaftsstruktur weiter Teile der heutigen Welt ist für ein System dieser Art noch nicht reif. Dies ist ein vielleicht im Munde eines Europäers hochmütiger Satz. Unser heutiges System aber ist für die wahren weltweiten Probleme nicht fortschrittlich genug. Dieser Satz liefert die erforderliche Demütigung unseres Hochmutes nach.

Weite Teile der Welt, sagte ich, sind für ein System vom Typ repräsentativer Demokratie noch nicht reif. Die soziale

Struktur dieser Länder war noch vor wenigen Jahrzehnten, bei allen gewaltigen Unterschieden der Kulturen, allenfalls derjenigen vergleichbar, die in Europa vor der Durchsetzung des effizienten bürokratischen Staats des Absolutismus bestand. Diese Länder hatten und haben einen Nachholbedarf an Modernisierung durch staatliche Effizienz. Ihre politischen Formen, die ich aufgezählt habe, sind verschiedene Versuche, diesem Bedarf Genüge zu tun. In einem der ältesten dieser Systeme, im sowjetischen Imperium, regt sich heute stärker als seit Jahrzehnten das Bedürfnis nach der nächsten Phase, nach der Liberalität. Man bringt diese Forderung nicht zu Unrecht auch unter den moralisch getönten Begriff der Menschenrechte. Nicht zu Unrecht, denn freiheitliche Ordnung bedarf der Moral, zumal der Moral des Schutzes der Minderheit. Aber ohne Zweifel ist die Forderung nach Liberalität zugleich eine Forderung nach Funktionalität, nach einer nicht mehr bürokratisch erstickbaren selbstkritischen Vernunft. Unter diesem Aspekt würde ich unserem System langfristig und weltweit eine optimistische Prognose stellen. Wir sollen nicht verzagen, wenn kulturell-politische Entwicklungen Jahrhunderte dauern.

Unser System, sagte ich aber auch, ist für die wahren weltweiten Probleme nicht fortschrittlich genug. Es hat nicht die hinreichende Wahrnehmung und schon gar nicht die Durchsetzungsmechanismen für die Behandlung der wahren Probleme der modernen Welt entwickelt. Welches sind diese? Ich nenne drei: ökonomische Weltordnung, Kriegsverhütung, Bewußtseinsbildung. Ihre Reihenfolge ist eine Reihenfolge steigender Wichtigkeit.

Ökonomische Weltordnung: Wenn heute die Jugend der Welt in ihrer Mehrheit sozialistisch denkt, und zwar radikaler sozialistisch als die Sozialdemokratie, so liegt in dieser Kapitalismuskritik unbeschadet dessen, was ich über den Zusammenhang von Markt mit Freiheit und von Freiheit mit Wahrheit gesagt habe, eine Erkenntnis. Diese Erkenntnis nicht zu vollziehen, könnte für unser System tödlich sein. Die Marxsche Analyse der Kapitalakkumulation ist ein Beispiel, sie ist ein Modell der unbegrenzten Machtkonkurrenz, von der ich vorhin gesprochen habe. Kapital ist die dem Bürger zugängliche Form von Macht. Der von Marx vorhergesagte Zusammenbruch des Systems ist nicht eingetreten. Die liberale Gesellschaft hat die irrationalen Folgen des Systems zum Teil, wenn auch nicht vollständig, aufgefangen. Zum kleineren, aber in der zweiten und dritten Welt sehr stark empfundenen Teil geschah das, indem wir mit unserer Herrschaft unsere Probleme in die Kolonialgebiete exportiert haben. Unser inländisches Proletariat konnte verbürgerlicht werden, indem die Massen der Welt unser äußeres Proletariat wurden. Wichtiger als dies war aber faktisch, daß in der Binnenwirtschaft der Staat die Aufgaben wahrnahm, die ich oben aufgezählt habe, bis hin zur Gewährung eines festen Rahmens für gewerkschaftliche Lohnkämpfe, zur steuerlichen Umverteilung des Wohlstands. Weltweit existiert kein entsprechender staatlicher Rahmen. Die Nationalstaaten sind Teilnehmer an der Konkurrenz, sie sind nicht ihre Regulative. Wir haben nicht abnehmende, sondern wachsende Unruhe in der Welt zu erwarten. Ich gehe hier nicht auf den Inhalt einer möglichen Weltwirtschaftsordnung ein, ich behaupte nur ihre unerläßliche Notwendigkeit.

Kriegsverhütung: Das Wettrüsten souveräner Mächte ist das klassische Beispiel der Irrationalität der Machtkonkurrenz, in der jeder zur Katastrophe des nächsten Kriegs beiträgt, indem er das für ihn selbst Zweckrationale tut, um diesen Krieg von sich, wenn möglich, durch Rüstung möglichst lange fernzuhalten. Man kann stets nachweisen, daß am Wettrüsten der andere schuld ist in immer wieder anderem Detail.

So ist die Sowjetunion heute ohne Zweifel eine übergerüstete militaristische Macht, gerade weil sie angesichts ihrer wirtschaftlichen und politischen Rückständigkeit ihre Sicherheit im Militär sucht. Entspannungspolitik heißt nicht gegenüber dieser Tatsache die Augen verschließen. Entspannungspolitik heißt, das unter den gegebenen Umständen Mögliche tun, um im beiderseits erkannten Interesse einen trotz dieser Erkenntnis nach uralten Mechanismen der Machtkonkurrenz wahrscheinlichen Krieg zu verhüten.

Eine Randbemerkung: Unsere Militärpolitik hat nie nur die Abschreckung, sondern auch die Möglichkeit des Überlebens im Falle eines Versagens der Abschreckung zu bedenken. Dies gehört mit zur Frage, ob unser System eine Zukunft hat.

Eine ganz kurze Schlußbemerkung zur Bewußtseinsbildung: Ich habe die Stärke unseres Systems im Zusammenhang von Freiheit und Wahrheitssuche gesehen. Wenn das zutrifft, so ist fortdauernde Wahrheitssuche Existenzbedingung unserer Freiheit. Nicht eine glücksorientierte Gesellschaft, eine wahrheitsorientierte Gesellschaft hat eine Zukunft. Ist so etwas wie eine wenigstens bei ihren vollbewußten Gliedern wahrheitsorientierte Gesellschaft möglich? Ich ende mit einer Frage. – Ich danke Ihnen für die Geduld Ihres Zuhörens.

3. Kernenergie*

In modernen Industrieländern, insbesondere in unserem eigenen Lande, war die Kernenergie in den letzten Jahren Gegenstand einer leidenschaftlichen Debatte. Die längst getroffene Entscheidung der Regierungen für Kernenergie ist durch starke, unkonventionelle öffentliche Bewegungen in Frage gezogen, in der Ausführung fühlbar verlangsamt, aber im Endergebnis, so kann man heute sagen, auch in unserem Lande nicht umgestoßen worden. Dieser Ausgang der Debatte war m. E. vorherzusehen. In manchen Expertengesprächen der letzten drei Jahre habe ich mir erlaubt, als persönliche Vermutung den Sieg der Kernenergie für den Augenblick vorherzusagen, in dem die Mehrheit der Bevölkerung ihre Meinung bilden und zur Geltung bringen würde. Man durfte erwarten, daß sich die nahe Angst vor der Arbeitslosigkeit gegenüber der fernen Angst vor der Radioaktivität durchsetzen würde, und zwar unabhängig davon, ob dies die richtige oder die falsche Entscheidung ist.

Der gegenwärtige Vortrag geht von der gefallenen politischen Entscheidung aus und akzeptiert sie. Sie ist nicht nur legal zustandegekommen, ich halte sie auch unter den gegebenen wirtschaftlichen Verhältnissen für fast unvermeidlich und im Prinzip für vertretbar. Aber die getroffene Entscheidung verlangt eine umfassende Nacharbeit. Technisch steht eine Fülle von schwerwiegenden Einzelentscheidungen jetzt erst vor uns; ich nenne die Entscheidungen über die Quantität des Ausbaus der Kernenergie, über Hochtemperatur- und Brutreaktoren, über Wiederaufarbeitung und Entsorgung, über internationale Zusammenarbeit und Vorsorge gegen Ver-

* Vortrag im Wissenschaftszentrum Bonn, März 1978.

breitung von Kernwaffen bei Nationen und Terrorgruppen. Und politisch haben m. E. die unterlegenen Gegner der Kernenergie, die durch echte und begründete Sorge um unsere gemeinsame Zukunft motiviert sind, einen demokratisch legitimierten Anspruch auf Mitdenken und Gehör bei diesen anstehenden Folgeentscheidungen. Gerade in Fragen, in denen es zu einer leidenschaftlichen Polarisierung der Affekte gekommen ist, ist es für die liberale Demokratie lebenswichtig, nicht durch den notwendigen Sieg der Mehrheit ihre eigene Kraftquelle zu verstopfen, die fortdauernde öffentliche Wahrheitssuche in der freien Diskussion.

Aus diesem Grunde zitiere ich, ehe ich auf die Sachfragen eingehe, die Gefühle beider Seiten, die ich in zahllosen Gesprächen kennengelernt habe. Wir werden ja nicht miteinander sachlich sprechen können, wenn wir nicht gegenseitig die Anstrengung machen, auch die Affekte der anderen Seite als Affekte verantwortlicher Menschen ernstzunehmen. Ich zitiere also. Mehrfach haben mich altgediente Kernenergieexperten, fassungslos angesichts der gegnerischen emotionalen Lohe, die ihnen ins Gesicht schlug, gefragt: »Ist eigentlich der Menschheit die kühle Überlegung abhandengekommen? Kein technisches Verfahren ist in bezug auf Gefahren und Vorsorge gegen Gefahren schon vor seiner Einführung so minutiös studiert worden wie die Kernenergie. Jedes Beispiel möglicher Unfälle, das unsere Gegner vorbringen, stammt aus unseren eigenen Studien. Aber bei jedem Beispiel dreht man uns das Wort im Munde herum, liest eine behutsame Gefahrenabwägung wie einen Versuch, eine drohende Katastrophe zu verharmlosen, und behandelt uns wie egoistische Interessenvertreter, ja wie entlarvte Verbrecher. Aus welchen seelischen Tiefen steigen eigentlich diese Angstvorstellungen? Denn der manifeste politische Mißbrauch dieser Ängste ist doch nur möglich, wenn die Ängste den Menschen wirklich

Eindruck machen.« Ebenso fassungslos angesichts der Zuversicht der Technokraten fragen ihre Gegner: »Sind diese Leute wirklich ihrer Gottähnlichkeit so sicher? Wagen sie im Ernst, auf Grund ihrer jedes Jahr wieder korrigierten Abschätzungen eine Technik einzuführen, die unwiderruflich das Schicksal von dreißig Generationen nach uns bestimmt und vielleicht ihr Leben zugrunderichtet? Sind wir, die Betroffenen, nicht die Opfer einer Verschwörung derer, die sich für Wissende halten? Kann ein Experte sich noch zu seinen Fehlern bekennen, der jahrzehntelanger Arbeit im Dienst dieser Sache seine Karriere, sein Ansehen, seine Villa, seine Italienreisen und das Geld für das Studium seiner Kinder verdankt?«

Die nächstliegende Rückfrage des Zuhörers bei dieser Konfrontation ist:

»Sind denn die Sachfragen wirklich kontrovers, und soweit ja, warum sind sie nicht ausdiskutiert?« Es ist das wesentliche Ziel meines heutigen Vortrags, einen knappen Überblick über den heutigen Stand der Sachdiskussion zu geben, so wie sich dieser mir, in meiner subjektiven Sichtweise, darstellt. Die notwendige Einschränkung »in meiner subjektiven Sichtweise« deutet die Schwierigkeiten der Probleme an und mag auch den überzeugten Anhängern der Kernenergie vielleicht das Verständnis für die Empfindung der Ausgeliefertheit an etwas Undurchschaubares erleichtern, die so viele der Gegner beherrscht. Ich darf daher präzisieren, wie ich zu meiner subjektiven Sichtweise der Probleme komme. Ich bin ausgebildeter theoretischer Kernphysiker, habe zwar seit 1945 nicht mehr selbst über Reaktortheorie gearbeitet, habe aber seit etwa vier Jahren systematisch zahlreiche Gespräche mit Fachleuten geführt und verdanke meiner Ausbildung wenigstens das Vokabular, in dem ich meine Gesprächspartner befragen – wie man im Umgangston sagt: »löchern« – konnte. Jede positive Behauptung, die ich im heutigen Vortrag aussprechen werde, habe ich zuvor der Kritik mehrerer Fachleute unterbreitet. Aber ich bekenne offen und mit Absicht, daß ich in fast keiner dieser Behauptungen hinreichend eigenen speziellen Sachverstand besitze, um sie rein sachlich zu verteidigen. Ich bin überall bei meiner Meinungsbildung nicht nur auf mein Urteil über Sachen, sondern auch wesentlich auf mein Urteil über Menschen angewiesen. Ich muß mir bei jedem meiner Gesprächspartner selbst eine Meinung darüber bilden, welches sein Kenntnisstand, sein Partikularinteresse, seine Leidenschaft, und der Grad seiner Intelligenz, seiner Selbstkritik und seiner Redlichkeit ist. Jeder Entscheidungsträger in Politik und Wirtschaft kennt diese Situation. Ich weise nur darauf hin, daß auch die Gemeinschaft der Wissenschaftler nicht eine Gemeinschaft der fraglos Wissenden sondern eine Gemeinschaft der in der Wahrheitssuche einander kritisch Vertrauenden ist.

Ich werde in diesem Vortrag die Kernenergie im allgemeinen Rahmen der Energiewirtschaft unter den drei Titeln des Bedarfs, der Ressourcen und der Gefahren der Energienutzung besprechen und nach einer kurzen prinzipiellen Erwägung über die Probleme des Wirtschaftswachstums mit einigen allgemein gehaltenen Vorschlägen enden. Ich werde die Argumentation zwar um des Umfangs der Fragen willen, zumal in vielerörterten Details sehr knapp, aber grundsätzlich führen. D. h. ich werde in den Argumenten die politisch gefallene und von mir anerkannte Entscheidung für die Kernenergie noch einmal wie eine offene Entscheidung behandeln. Denn nur das Verständnis der grundsätzlichen Argumente kann als Leitfaden für die heute politisch noch offenen Einzelfragen dienen.

Bedarf

Die Bedarfsschätzung ist eine der schwierigsten Aufgaben der Energiepolitik, zumal im Blick auf die Kernenergie. Der Bau eines Reaktors dauert heute vom Planungsbeginn bis zum Beginn des Betriebs nicht viel weniger als ein Jahrzehnt. So weit – wir wollen das mittelfristig nennen – sollte man also den Bedarf sogar für eine einzelne Bauentscheidung vorausschätzen können. Die Einführung eines neuen Systems der Energielieferung dauert, nach allen Erfahrungen mit Kohle, Erdöl und Erdgas und allen Prognosen für nukleare oder solare Energie, von der technischen Verfügbarkeit bis zu einem hohen Marktanteil nicht weniger als ein rundes halbes Jahrhundert. Die Entscheidung für die Kernenergie als zusätzliche Energiequelle ist nur als Entscheidung für die lange Frist mehrerer Jahrzehnte sinnvoll. Angesichts der Verflechtung unserer nationalen Wirtschaft in die Weltwirtschaft kann man diese Entscheidung auch nur im Blick auf die weltweite Entwicklung von Bedarf und Ressourcen treffen. Wir müssen daher vorweg wenigstens nach dem globalen langfristigen Rahmen fragen, nach dem Spielraum, in dem sich Bedarfsschätzungen vernünftigerweise bewegen sollten. Ich stütze mich hierfür auf eine noch nicht veröffentlichte Laxenburger Studie*, die ich freilich z. T. etwas eigenwillig interpretiere.

Die Grundfrage einer langfristigen globalen Energiebedarfsschätzung heißt: Für wieviele Menschen erwarten wir welchen Energiebedarf pro Kopf? Zuerst also: Wieviele Menschen werden in dreißig, in fünfzig Jahren leben? Die Weltbevölkerung wächst noch immer etwa exponentiell. Die langfristigen demographischen Prognosen nehmen meist das Um-

---

* W. Häfele und W. Sassin, *Ressources and Endowments. An Outline on Future Energy Systems.* Ich danke den Verfassern für die frühzeitige Mitteilung ihrer Studie.

biegen der Kurve zu einem Sättigungswert irgendwann im nächsten Jahrhundert an. Aber, was immer die Gründe des erhofften Stillstands sein werden, vom heutigen Zustand der Welt aus gesehen wird man das Umbiegen zu ihm nicht früher als in einem halben Jahrhundert erwarten dürfen. Es erscheint optimistisch, zu glauben, man werde weltweit in fünfzig Jahren nur doppelt so viele Menschen ernähren müssen wie heute, und danach werde ihre Anzahl nicht mehr erheblich wachsen. Freilich könnte die Menschheit in der heutigen Wirtschaftsform gegenseitiger Abhängigkeit leichter als jemals in der bisherigen Geschichte durch politisch erzeugte Katastrophen des technischen Versorgungssystems dezimiert werden. Aber heute muß eine verantwortliche Planung die ökonomische Versorgung von acht Milliarden Menschen als Mindestziel ins Auge fassen.

Wieviel Energie werden diese Menschen dann pro Kopf brauchen? Es erscheint nach heutiger Denkweise unerträglich bescheiden, zu antworten: im Weltdurchschnitt so viel wie heute; es erscheint noch immer als eine bescheidene Extrapolation, zu sagen: das Doppelte oder Dreifache des heutigen Weltdurchschnitts. Heute ist der Weltdurchschnitt ein Verbrauch von nahezu 2 kW pro Kopf; siebzig Prozent der Weltbevölkerung haben weniger als dies, sechs Prozent haben mehr als 7 kW pro Kopf; in mehr als achtzig Ländern der Vereinten Nationen beträgt der durchschnittliche Verbrauch nur 0,2 kW pro Kopf, ein Zehntel des Weltdurchschnitts. Gewiß können ökonomische Katastrophen auch den Energieumsatz scharf senken. Wollen wir aber verantwortlich planen, so wäre schon der Übergang zu einer bewußt asketischen Weltkultur nötig, um den Energieumsatz pro Kopf im Weltdurchschnitt nicht höher steigen zu lassen als heute; ich komme auf diese radikale Möglichkeit am Schluß des Vortrags zurück. Denken wir so, wie man heute allgemein denkt, so müssen wir wenigstens ein bescheidenes Wachstum in den heutigen Industrieländern, ein stärkeres Wachstum in den Entwicklungsländern fordern. Einem quantitativen Modell dieser ökonomisch »verantwortbaren« Entwicklung legt die Laxenburger Studie eine Vergrößerung des Energiekonsums im Weltdurchschnitt auf 4,4, kW pro Kopf in 50 Jahren zugrunde. Das würde eine Wachstumsrate des *globalen* Energiekonsums von etwas mehr als 3% jährlich (knappe Verfünffachung in 50 Jahren) bedeuten; die Autoren schätzen dabei 2,5% jährliche Wachstumsrate für die Industrieländer, 3,5% für die Entwicklungsländer.

Vor dem Hintergrund dieser mehr moralischen als prognostischen Schätzungen haben wir die nationalen mittelfristigen Bedarfsprognosen zu beurteilen, die den heutigen politischen Entscheidungen zugrundeliegen. Wie wird sich die Energienachfrage unserer nationalen Wirtschaft in – sagen wir – den nächsten zehn bis zwanzig Jahren entwickeln? Das vorherzusagen ist nicht leicht.

Zunächst ist schon der Begriff des Energiebedarfs nicht wohldefiniert. Eine ökonomische Analyse kann nur versuchen, die Nachfrage nach Energie zu ermitteln. Genauer die Nachfragefunktion, welche die nachgefragte Menge in Abhängigkeit vom Preis angibt. Zusammen mit der Angebotsfunktion wird diese dann den faktischen Energieumsatz bestimmen. In der qualitativen Betrachtungsweise, auf die ich mich hier beschränken muß, kann ich nur versuchen, die wichtigsten Bedürfnisse zu charakterisieren, die auf die Nachfragefunktion einwirken.

Die Forderung des Energiewachstums wird mit der Forderung weiterer Wirtschaftswachstums begründet, und diese heute in unserem Lande vor allem mit der Sicherung der Arbeitsplätze. Wie stellen sich diese Zusammenhänge bei genauerer Betrachtung dar?

Die Wachstumsrate des Sozialprodukts ist nicht gleichbedeutend mit der Wachstumsrate des Energieumsatzes. Bei technisch festgelegter Form der Energieerzeugung und des Energiekonsums kann man beide Wachstumsraten im statistischen Mittel durch einen festen Faktor (sog. Elastizitätskoeffizienten) verknüpfen. In den letzten Jahrzehnten war dieser Faktor im Mittel etwa gleich eins, freilich gerade für elektrische Energie etwa 1,25. Sozialprodukt und Energieumsatz wuchsen im Mittel etwa gleich schnell. Dies war eine Zeit der Politik der billigen Energie. Wenn man, wie zu erwarten ist, in Zukunft eine Politik der Energieeinsparung betreibt, wird es möglich sein, das Energiewachstum fühlbar hinter dem Wachstum des Sozialprodukts zurückbleiben zu lassen. Eine neue Essener Studie* schätzt, daß ohne Konsumeinschränkung, also schon ohne die Forderung, »den Gürtel enger zu schnallen«, für die absehbare Wirtschaftsentwicklung durch angebbare administrative und technische Maßnahmen bis zum Jahr 2000 in der Bundesrepublik eine Einsparung von 20 bis 25% des Energieumsatzes gegenüber dem ohne diese Maßnahmen zu erwartenden Umsatz möglich wäre. Energieeinsparung ist also von hoher wirtschaftlicher Relevanz und mag die Wachstumsraten des Energieumsatzes längerfristig vielleicht bis zur Hälfte der Wachstumsraten des Sozialprodukts zu senken erlauben, sofern dies von der Seite des Angebots und der sozialen Kosten der Energiewirtschaft als wünschenswert erscheint. Sie wird aber, für sich genommen, den Wachstumstrend nicht umkehren. Auch werde ich unter dem Titel »Ressourcen« die hohen Kapitalkosten neuer

* K. M. Meyer-Abich (Hrsg.), *Wirtschaftspolitische Steuerungsmöglichkeiten zur Einsparung von Energie durch alternative Technologien,* Studie der Arbeitsgruppe Umwelt, Gesellschaft, Energie (AUGE) der Universität Essen und des energiewirtschaftlichen Instituts der Universität Köln (EWI), Essen 1978.

Energieformen nennen müssen, welche den Elastizitätskoeffizienten später wohl wieder stark ansteigen lassen werden.

Auf welche Wachstumsraten der Wirtschaft hat sich unsere Energieplanung nun einzustellen? Hier besteht seit mehreren Jahren ein Konflikt zwischen Wunsch und Wirklichkeit, eine nicht nachlassende weltwirtschaftliche Rezession. Sie hat schon zu einer drastischen Reduktion der Prognosen der mittelfristigen Energienachfrage geführt. Wir sollten daher unterscheiden, welche Wachstumsraten uns erwünscht erscheinen und welche wir bei vorsichtiger Prognose erhoffen dürfen.

Die Wünsche. Warum wünschen wir angesichts des geschichtlich beispiellosen erreichten Wohlstands weiteres Wachstum unserer nationalen Wirtschaft? Man kann, so scheint mir, drei plausible Gründe dafür angeben, die durch die drei Begriffe Stabilität, weltwirtschaftliche Verflechtung, Arbeitsmarkt zu bezeichnen sind.

Die Stabilität, ein schwer quantitativ zu fassender Begriff, ist vielleicht der tiefste Grund der Nötigung zum Wachstum. Das Wirtschaftssystem, dem die Industriegesellschaft entstammt, wächst seit wenigstens zweihundert Jahren; alle seine Regulierungsmechanismen, alle eingeschliffenen Reaktionen der Menschen sind auf weiteres Wachstum eingestellt; Wachstumsstillstand bedeutet in diesem System faktisch soziale Instabilität. Die weltwirtschaftliche Verflechtung äußert sich für uns am fühlbarsten in unserer Exportabhängigkeit. Der Weltmarkt aber hat ein noch unbegrenztes Wachstumspotential. Wachsen wir nicht, so geht unser Anteil an ihm zurück, und das bedeutet für uns faktisch eine Stabilitätskrise. Der Arbeitsmarkt ist das heute sichtbarste Beispiel der Instabilität bei niedrigen Wachstumsraten. Rationalisierung ist die im Markt selbstverständliche Reaktion der Unternehmer auf die hohen Arbeitslöhne. Man mag die Erhöhung der Produktivität der Arbeitsstunde durch Rationalisierung im Durch-

schnitt, auf die gesamte arbeitende Bevölkerung (einschließ-
lich Dienstleistungen) bezogen, heute vielleicht auf 2,5% pro
Jahr schätzen. 2,5% wäre dann die mindeste Wachstumsrate
der Gesamtwirtschaft, die notwendig wäre, um auch nur die
Nachfrage nach Arbeit gegenwärtig konstant zu halten.

Vorsichtige Prognosen. Unser Wirtschaftssystem hat in der
Vergangenheit seine Wachstumsraten aufrechterhalten durch
Schaffung neuer Konsumbedürfnisse. Technisch wird das
auch in Zukunft möglich sein. Ich bezweifle aber, daß unsere
Industriegesellschaften in den kommenden Jahrzehnten wieder durchschnittliche Wachstumsraten von der Größenord-
nung erleben werden wie in den drei Jahrzehnten nach dem
Zweiten Weltkrieg. Dieses Urteil stützt sich auf ein sozialpsy-
chologisches und ein ökonomisches Argument. Das sozialpsy-
chologische Argument besagt, daß nur in denjenigen Ländern
die bisherigen Wachstumsanreize unvermindert anhalten
werden, in denen, bei vorerst fortschreitendem Bevölkerungswachstum, die elementaren Lebensbedürfnisse noch bei
weitem nicht befriedigt sind; dort würde ein Scheitern des
Wachstums von der Bedarfsseite her als Katastrophe erlebt
werden. In den Wohlstandsregionen der Welt hingegen ist es,
kulturpsychologisch gesprochen, nicht selbstverständlich, daß
die Nachfrage nach den so produzierten Gütern geschaffen
werden kann.

Das ökonomische Argument, bei dem ich von einer neuen
Starnberger Studie* Gebrauch mache, betrifft die Produk-
tionsbedingungen. Es besagt, daß bei der heutigen Rationalisierung der Produktionstechniken und Mobilität der Güter
eine wachsende Verlagerung der Produktion für den Weltmarkt in Länder mit niedrigen Arbeitslöhnen möglich und
daher, wenn der Welthandel nicht drastisch schrumpft, auch

---

* F. Fröbel, J. Heinrichs, O. Kreye, *Die neue internationale Arbeitsteilung*,
Rowohlt 1977.

zu erwarten ist. Dies bedeutet voraussichtlich kurz- und mittelfristig keinen sozialen Ausgleich innerhalb der Gesellschaft der Entwicklungsländer, eher im Gegenteil; aber es bedeutet eine territoriale Verschiebung der Wachstumsimpulse in die Regionen niedriger Arbeitslöhne.

Ich versuche, im Bewußtsein der Ungewißheit, diese komplexen Überlegungen in eine quantitative Schätzung zusammenzuziehen. Welches ist die niedrigste Wachstumsrate des Energieumsatzes, welche unsere Gesellschaft ohne tiefgreifende, ihre Struktur gefährdende Krisen würde ertragen können? Global und langfristig habe ich vorhin dafür 2,5 % in Industriegesellschaften angenommen. Mittelfristig und national scheint sich nun etwa dieselbe Zahl als Minimum zu ergeben. Sie entspräche bei starker Energieeinsparung einem Wachstum des Sozialprodukts um einen Wert zwischen 3 und 4 %. Ich sage nicht, daß wir diese Wachstumsraten erreichen werden. Ich sage nur, daß die Fortführung unseres Wirtschaftssystems ihrer voraussichtlich bis auf weiteres bedürfen wird.

Ressourcen

Zum Problem der Energieressourcen genügen knappe Überlegungen, da die wesentlichen Daten bekannt und hinreichend öffentlich diskutiert worden sind. Es sei erlaubt, das Problem zuerst in den Rahmen der Frage nach der möglichen weltweiten Verknappung materieller Ressourcen überhaupt zu stellen. In den letzten zehn Jahren hat sich in unserer Gesellschaft die Angst verbreitet, unbegrenztes weiteres Wirtschaftswachstum werde die Ressourcen der Erde erschöpfen. Diese Angst war eine undifferenzierte Begleiterscheinung der völlig berechtigten ökologischen Besorgnis, der Sorge um die Bewahrung unserer organischen Umwelt. In einer noch immer sehr rohen Annäherung kann man nämlich sagen: organische Ressourcen können bei der heutigen Wirtschaftsform weltweit knapp werden, anorganische in der Mehrzahl der Fälle nicht. Dies liegt daran, daß die organische Materie ein kleiner Bruchteil der uns zugänglichen Materie auf der Erde ist; das organische Leben ist, materiell gesprochen, eine sehr dünne und löcherige Haut unseres Planeten. Um es an der wichtigsten organischen Ressource, der Nahrung zu erläutern: In den Körpern der Menschen und ihrer Haustiere befindet sich heute wohl mehr als die Hälfte des tierischen Eiweißes, das es auf der festen Erde gibt, und ein nennenswerter Prozentsatz allen Eiweißes überhaupt, das der Pflanzen, Bakterien und Meerestiere eingeschlossen; es liegt folglich auf der Hand, daß die Bevölkerungsbewegungen des Menschen die Ökosphäre bis an den Rand ihrer Elastizität strapazieren. Daß hingegen die heute benutzten oder bekannten Lagerstätten mancher mineralischer Rohstoffe nur noch für wenige Jahrzehnte ausreichen, liegt nur daran, daß das Prospektieren teuer ist. Bei fortdauernder Nachfrage wird man schwer zugängliche Lagerstätten und ärmere Erze erschließen, der Preis der Rohstoffe wird nach Marktgesetzen steigen, ebenso der Energiebedarf beim Abbau. Die Zeit, zu der bei fortdauernd exponentiell wachsender Ausbeutung relevante Mineralien absolut knapp würden, liegt meist um Jahrtausende jenseits unserer Ära; längst vorher wird das Wirtschaftswachstum wegen der Begrenztheit der möglichen Expansion der Ökosphäre zum Stehen gekommen sein.

Das Gesagte gilt in geeigneter Anwendung auch für die Energieressourcen. Die fossilen, also organisch erzeugten Brennstoffe werden wir bei heutiger Wirtschaftsform in vorhersehbarer Zeit erschöpfen. Die gesamten Energieressourcen aber sind, rein quantitativ betrachtet, für jedes uns vorstellbare Wachstum der Weltbevölkerung und für jeden technisch sinnvollen Energieumsatz unbeschränkt. Die konkreten Probleme der kommenden Jahrzehnte liegen in der begrenzten Zugänglichkeit der Energieträger für bestimmte geographische Regionen, z. B. unser kleines nördliches Land, in den Kosten und in den technisch möglichen Wachstumsraten der Installation neuer Energiequellen, und schließlich in den mit der Energietechnik verbundenen Gefahren.

Ich fasse die heute vorliegenden konkreten Schätzungen zusammen. Nach der heute meistzitierten amerikanischen sog. WAES-Studie* ist das Maximum der weltweiten Erdöl-Produktion noch vor dem Jahre 2000 zu erwarten. Die Schere zwischen einem mit 2,5 % pro Jahr wachsenden Energieumsatz und dem verfügbaren Öl wird sich um so früher öffnen, je früher die OPEC-Länder, zumal Saudi-Arabien, zu der für sie vernünftigen Politik übergehen, ihre Produktion nicht mehr zu erhöhen. Die Fachleute erwarten daher die unvermeidliche nächste Ölkrise etwa in der Mitte der Achtzigerjahre. Erdöl und Erdgas werden bei den angenommenen Wachstumsraten im ersten Viertel des kommenden Jahrhunderts in den zweiten oder dritten Rang als Energielieferanten zurücktreten, auch wenn intensivere Ausbeutungsmethoden der Erdöllager die gewinnbare Menge verdoppeln mögen. Kohle würde mengenmäßig ausreichen, um den vorhin geschätzten Bedarf, wenn sein Wachstum in der Mitte des kommenden Jahrhunderts zum Stehen käme, noch für mehrere Jahrhunderte zu decken. Uran, ohne Brutreaktoren, reicht vielleicht etwa so weit wie Erdöl. Die Einführung von Brutreaktoren würde dem Uran statt eines reichlichen halben Jahrhunderts eine Wirkungsdauer von mehreren Jahrtausenden versprechen, wieder unter der Voraussetzung, daß der Energieumsatz bei etwa dem Zehnfachen des heutigen Werts zum Stehen

* Wilson, C. L., *Energy, Global Prospects 1985–2000. Report of the Workshop on Alternative Energy Strategies,* McGraw-Hill, New York 1977.

kommt. Fusion, bei der heute ins Auge gefaßten Technik, welche Lithium benützt, würde eine ähnliche zeitliche Reichweite haben wie Brutreaktoren. Die solare Energie ist für jedes der Menschheit erwägenswerte Zeitmaß konstant und mengenmäßig ausreichend. Alle anderen Energiequellen, wie Wasser, Wind, Gezeiten, Geothermik, können global betrachtet wohl nur subsidiäre Bedeutung gewinnen.

Dieser Überblick, kombiniert mit der Bedarfsschätzung, läßt nur die Folgerung zu, daß wir in dem von uns ins Auge gefaßten Zeitraum bis 2030 weltweit die Energieversorgung auf andere Primärenergieträger als das Erdöl umstellen müssen. Zunächst erscheinen dabei Kohle und Kernenergie (Fission) als die einzigen aussichtsreichen Kandidaten; alle heute erkennbare Plausibilität spricht dafür, daß beide zugleich den maximal möglichen Fortschritt machen werden. Die Sonnenenergie kann in diesen Jahrzehnten zum mindesten eine wichtige Teilrolle in der Raumheizung und vielleicht in tropischer Klein-Energietechnik spielen. Die technischen Chancen der Fusion sind auch heute noch nicht mit voller Sicherheit zu beurteilen, und eine führende Rolle wird sie allenfalls nach dem Zeitpunkt übernehmen können, bis zu dem wir hier vorausblicken.

Das eigentliche Problem der quasi unerschöpflichen nichtfossilen Energiequellen liegt aber in den außerordentlich hohen Kapitalkosten und damit auch Energiekosten der zu ihrer Verwendung notwendigen Installation. Holz, Öl und Kohle braucht man, stilisiert gesagt, nur in einen Ofen zu stecken und anzuzünden. Fissionsenergie braucht die komplizierte Technik des Umgangs mit radioaktiven Stoffen; Fusionsenergie zusätzlich dazu extreme Drucke und Temperaturen; Sonnenenergie braucht, soll sie großtechnisch verwendet werden, Kollektoren, welche die Fläche ganzer Länder bedecken. Die eingangs genannte Laxenburger Studie vermutet daher, die

Jahrzehnte des Übergangs zu diesen Techniken als hauptsächlicher Energiequelle, also wohl die ersten Jahrzehnte des nächsten Jahrhunderts, würden die Ära größter Energieknappheit werden; einmal installiert aber wären sie – so die Studie – ein dauerhafter Besitz der ins ökonomische Gleichgewicht gekommenen Menschheit.

Gefahren

Die möglichen Gefahren sind der Angelpunkt der Kernenergiedebatte. Deshalb seien zu Beginn dieses Abschnitts ein paar grundsätzliche Bemerkungen über Gefahren erlaubt.

Jede technische Entwicklung erzeugt Gefahren; es kommt darauf an, das Maß ihrer Größe und Beherrschbarkeit zu kennen. Was überhaupt wirkt, ist auch gefährlich. Das gilt von physischen Geräten wie von meditativen Übungen. Unter Medizinern gibt es den Spruch: Ein Medikament, das, falsch dosiert, den Patienten nicht umbringen kann, kann ihm auch nicht helfen. Dies ist nicht die Aufforderung zum Leichtsinn; es ist die Aufforderung zur Präzision.

Wir haben die Gefahren der Kernenergie im Rahmen der Gefahren der Energietechnik überhaupt und der Gewaltanwendung überhaupt abzuschätzen. Wenn ich nun die Ansicht darstelle, die ich mir von diesem Fragenkreis gebildet habe, so muß ich daran erinnern, daß sie zwar durch intensive Expertenbefragung entstanden ist, daß aber das Urteil über Menschen und ihre Interessen notgedrungen in meine Meinungsbildung eingegangen ist. Ich hoffe daher dem Bedürfnis nach methodischer Kontrollierbarkeit zu dienen, wenn ich etwas über die Kriterien und Resultate dieses meines versuchten Urteils über Menschen sage. Im Publikum hat sich die Meinung verbreitet, jede ökonomische oder politische Interessengruppe finde auch die Experten, die sogenannten Sachverständigen, die zu ihren Gunsten aussagen. Dies ist eine verzerrte Verallgemeinerung einer Beobachtung, die jeder von uns schon hat machen können. Experten sind auch Menschen, sie sind dem Irrtum und der Versuchung, auch der Versuchung zum Selbstbetrug zugänglich wie wir alle. Hierzu sind nun Differenzierungen nötig und möglich; ich stelle sie dar, indem ich gleichsam den Ball zweimal hin und her über das Spielfeld dieser erhitzten Debatte treibe.

Erstens spricht sich unter Experten schnell herum, wer seinen Sachverstand an einen Geldgeber oder an die Leidenschaft seiner eigenen Seele und derjenigen seiner Freunde verkauft hat. Auch – und das treibt den Ball noch in derselben Richtung – gibt es trotz mancher Meinungsdifferenzen im Expertenkreise den vom Publikum wahrgenommenen Krieg zwischen den Sachverständigen gar nicht. Denn nicht jeder, der ein naturwissenschaftliches Fach studiert hat, ist ein Sachverständiger für Kernenergie; er wird es selbst dadurch noch nicht, daß er aus Engagement heraus die ihn beunruhigenden Aspekte dieser Technik ein paar Jahre lang studiert hat und sogar einem Fachmann unangenehme Fragen stellen kann, die dieser nicht ohne Vorbereitung und nicht ohne guten Willen beim Frager befriedigend beantworten kann. Unter den eigentlichen Sachkennern der Reaktortechnik herrscht über Prinzipien und über viele relevante Einzelheiten eine den Befrager beeindruckende Einigkeit. Zweitens aber – und nun wird der Ball zurückgespielt – liegt diese Einigkeit zumal heute im offenkundigen ökonomischen Interesse dieser Menschengruppe. Und – so treibe ich den Ball weiter – im Rückblick sieht man, wie, trotz der auf Reaktorsicherheit verwendeten Dollarmillionen und Mannjahre, die Sicherheitsvorschriften ständig verbessert werden mußten, unerwartete Störanfälle eintraten oder doch neu in Erwägung gezogen wurden, wie triviale Gefahren überanalysiert, nichttriviale vergessen wurden. Als Antwort genügt die an sich zutreffende Bemerkung nicht, daß manche der inzwischen geschaffenen Sicherheitsvorschriften auch nach dem heutigen Urteil der Experten vermutlich überflüssig, ja schädlich, und nur von der Erregung des Publikums auf dem Wege über Legislative und Gerichtsurteile durchgesetzt worden sind. Denn gegen diese kleine Beobachtung ist die andere kleine Beobachtung zu setzen, daß in den großen Firmen, staatlichen Administrationen und Forschungszentren selbstverständlich nicht die volle Äußerungsfreiheit herrscht. Nicht nur im sozialistischen, sondern auch in unserem liberalen System gilt, daß man sich seine Karriere leichter macht, wenn man privat und öffentlich das sagt, was die Vorgesetzten privat und öffentlich hören wollen. Wie kann der Frager wissen, welche Antwort er glauben darf?

Ich gestehe, daß ich vor etwa drei Jahren selbst von dieser Skepsis sehr beunruhigt war. Es war – und das ist der dritte Anstoß, der wieder zurück übers Spielfeld führt – eine wiederum kleine Beobachtung, die mich lehrte, die Skepsis auf das gebührende Maß einzuschränken. Ich begegnete auf meinen Reisen einem hervorragend ausgewiesenem Fachmann für Reaktorsicherheit, der sich mir gegenüber unter vier Augen bitter über den auch in seiner Institution geübten Meinungszwang zugunsten der Kernenergie beklagte. Ich nahm mir zwei Tage Zeit für ihn und bat ihn, mir alle die Gefahren, die er für unzureichend berücksichtigt halte, im einzelnen aufzuzählen. Nach diesem Gespräch war ich im wesentlichen beruhigt. Er hatte eine Reihe von Gefahren genannt, denen gegenüber die Sorgfaltspflicht weitere Forschung und bessere Vorkehrungen gebot. Er hatte nicht *eine* Gefahr genannt, die mir als eine das Maß anderer Techniken überschreitende Gefährdung der Menschheit erscheinen konnte. In diesem Urteil bin ich durch weitere Expertenbefragungen nicht mehr grundlegend erschüttert worden.

Nach dieser mit Absicht ausführlichen Schilderung der Methode meiner Meinungsbildung gebe ich einen knappen Abriß der Resultate. Für vieles darin kann ich auf die bestehende Literatur verweisen.

Zunächst werde unterschieden zwischen Gefahren, die ohne menschliche Absicht eintreten, also im Normalbetrieb, oder durch technisches oder auch menschliches Versagen, und Gefahren, die von Menschen bewußt hervorgebracht werden. Bei ersteren erscheint die Kernenergie nach der breit geführten Debatte der letzten Jahre zwar als Gegenstand besonderer Sorgfaltspflicht, aber schwerlich gefährlicher als andere Techniken; das eigentliche Problem stellen die letzteren dar. Beides sei im einzelnen erläutert.

Im Normalbetrieb darf man einen Kernreaktor unbedenklich umweltfreundlicher nennen als ein fossil befeuertes Kraftwerk. Eine Zierde der Landschaft sind beide nicht, und wenn die Menschheit eines Tages wieder ihren sensibelsten Seismographen für Zuträglichkeit, den Schönheitssinn, befragen wird, wird sie vieles im technischen Betrieb radikal ändern. Halten wir aber unsere Kriterien im Rahmen heute herrschender Vorurteile, so bleibt kaum ein Zweifel, daß auch nach heutigen Vorschriften die Abgase fossiler Verbrennung schädlicher sind als Reaktorabgase. Insbesondere schwebt über uns das Damoklesschwert der langfristigen Klimaänderung durch das bei der Verbrennung entstehende Kohlendioxyd. Wir betreiben mit diesem Problem heute im fossilen Bereich eben die Vogel-Strauß-Politik, die man vielfach den Vertretern der Kernenergie nachsagt: wir erzeugen eine nicht wiedergutzumachende langsame ökologische Veränderung, deren Folgen unsere Urenkel zu tragen haben werden. Bemerkt sei, daß man auch die ökologischen Störungen durch einen, heute aus Preisgründen irrealen, großtechnischen Betrieb der Sonnenenergie nicht wird vernachlässigen können.

Unbestreitbar ist, daß ein kerntechnischer Betrieb aus Gründen technischen oder menschlichen Versagens zu Einzelkatastrophen Anlaß bietet, die größer sind als die möglichen Einzelkatastrophen fossiler Kraftwerke, freilich nicht größer als beim Bruch des Staudamms eines Wasserkraftwerks. Ich kann hier auf die Debatte über den Rasmussen-Bericht und auf den ihm folgenden, demnächst abgeschlossenen deutschen Bericht verweisen.* Mit der Forderung, die mögliche Zahl der Opfer und erst recht die Wahrscheinlichkeit eines Reaktorunfalls abzuschätzen, dessen Folgen für die Umgebung nicht mehr durch die Sicherheitseinrichtungen beherrscht werden, bringt man die Experten in eine gerade für gewissenhafte Menschen sehr unangenehme Lage. Es hat bisher bei den kommerziellen Reaktoren noch keinen einzigen Unfall im Sinne dieser Definition gegeben, durch den ein Bewohner der Umgebung in irgendeiner Weise zu Schaden gekommen wäre. Das ist kein Zufall, denn die denkbaren Störfälle sind vorweg erwogen, und gegen sie sind mehrfache Sicherungsbarrieren vorgesehen, die in den bisher eingetretenen Störfällen stets standgehalten haben. Was zu tun bleibt, ist, die sehr kleine Wahrscheinlichkeit dafür auszurechnen, daß die mehrfachen Sicherungen gleichzeitig versagen. Rasmussen schätzt die Wahrscheinlichkeit eines Kernschmelzunfalls mit noch immer geringen Folgen auf $5 \cdot 10^{-5}$ pro Jahr; d. h. bei gleichzeitigem Betrieb von hundert Reaktoren käme im Durchschnitt ein solcher Unfall in zweihundert Jahren. Wenn diese Schätzungen auch nur einigermaßen richtig sind, bleibt die Zahl der Todesfälle, die durch Betriebsunfälle an Leichtwasserreaktoren bei vollem Ausbau der Kernenergie für das ganze nächste

* Vgl. A. Birkhofer, *Stand der deutschen Risikostudie für Druckwasserreaktoren*, Vortrag beim Jahreskolloquium 1977 des Projektes Nukleare Sicherheit, Karlsruhe, 1. 12. 1977.

halbe Jahrhundert zu erwarten ist, unter den 15000 Menschen, die wir zur Zeit alljährlich auf den Straßen töten. Dies mag eher ein Argument für eine heute undurchsetzbare Änderung unseres Verkehrssystems sein als für die Kernenergie; es zeigt aber, mit welch ungleichen Maßstäben wir messen. Fingieren wir, das Auto sei erst soeben erfunden worden, und eine Industriegruppe schlage die Einrichtung eines Straßennetzes mit Personen- und Gütertransport per Auto vor, und sie begleite das mit realistischen Abschätzungen der zu erwartenden Unfallquote: nach allen heute geltenden Kriterien müßte der Bundestag eine dahingehende Gesetzesvorlage oder Mittelbewilligung ablehnen. Im übrigen werden wir uns alsbald vergegenwärtigen müssen, daß die heutige Welt sehr viel größere Gefahren läuft als Autoverkehr und Kernreaktorunfälle.

Die Gefahren weiter fortgeschrittener Reaktortypen, wie des Hochtemperaturreaktors und des schnellen Brüters, sind ebenfalls sorgfältig studiert worden, wenn auch noch nicht so ausführlich wie beim Leichtwasserreaktor. Insbesondere beim Brüter hat u. a. der britische Flowers-Report Sicherheitsbedenken angemeldet. Aus der weiteren Diskussion gewinne ich den entschiedenen Eindruck, daß die Fachleute diese Gefahren für überschätzt und jedenfalls überwindbar halten. Auch in den Bereichen der Zwischenlagerung und Wiederaufbereitung von Brennelementen scheinen sich keine unüberwindbaren Probleme technischer Gefahren zu zeigen. In all diesen Bereichen gibt es heute ja schon praktische Erfahrungen, wenngleich nicht in der zur vollen Sicherheit erforderlichen Breite und Zeitdauer. Dabei ist nicht zu leugnen, daß man in der Vergangenheit Fehler gemacht hat, die unserer Gegenwart zum mindesten große finanzielle Kosten aufbürden, so bei der Lagerung der Rückstände der militärischen Plutoniumproduktion in Hanford (USA).

Großen Anlaß zur Beunruhigung hat eine Zeitlang die Endlagerung der radioaktiven Rückstände gegeben. Ohne auch
hier in die Einzelheiten einzutreten*, möchte ich sagen, daß
das deutsche Programm der Endlagerung eingeschmolzener
Rückstände in geologisch seit vielen Jahrmillionen stabilen
Salzstöcken als eines der besten, wenn nicht das beste heute in
der Welt bekannte gilt. Ich glaube persönlich, daß wir unseren
Nachkommen viele Erbschaften hinterlassen, die ihnen mehr
Gefahren bringen als diese sorgfältig versenkte Radioaktivität.

In all diesen Erwägungen ist freilich noch abgesehen von
dem eigentlichen Gefahrenmoment, dem menschlichen Willen. Diese Gefahren sind in doppelter Weise je zweifach zu
untergliedern, im ganzen also vierfach. Es gibt willentliche
Gefahr

1. durch Verletzung friedlich kerntechnischer Anlagen,
2. durch Verbreitung von Kernwaffen.

Beides kann geschehen

a) durch souveräne Nationen,
b) durch Terrorgruppen.

Dem Eingehen auf die Einzelheiten sei wiederum eine grundsätzliche Erwägung vorangestellt.

Wir werden finden, daß in jedem der vier Bereiche echte,
große Gefahren bestehen. Nun existieren aber die Gefahren
des Terrorismus und des Kriegs, auch des Atomkriegs, schon
unabhängig vom Ausbau der Kerntechnik zu friedlicher Nut-
zung. Die Entscheidung über die Fortführung dieses Ausbaus
kann dann nur von der Frage abhängen, in welchem Grade
diese ohnehin bestehenden Gefahren durch den Ausbau der

---

* *Grundsätzliche sicherheitstechnische Realisierbarkeit des Entsorgungszen-
trums – Beurteilung und Empfehlungen der Reaktor-Sicherheitskommission
(RSK) und der Strahlenschutzkommission (SSK) – 20. Oktober 1977,* Ge-
schäftsstelle der Reaktor-Sicherheitskommission (GRS), Köln.

friedlichen Kerntechnik erhöht werden. Es scheint mir nun, daß diese Erhöhung der Gefahr durch die friedliche Kerntechnik in jedem der vier Fälle sehr erheblich hinter der schon ohne sie bestehenden Gefahr zurückbleibt. Es ist für eine Regierung eine schwere Entscheidung, ob sie sich diese Abschätzung zu eigen machen und, auf sie gründend, den weiteren Ausbau der Kernenergie gestatten will. Persönlich kann ich dazu nur sagen, daß diese Entscheidung in allen technisch hinreichend entwickelten Ländern getroffen worden ist, und m. E. heute nicht der Verzicht, sondern die zumal technisch möglichst gute Sicherung auch gegen diese Gefahren die Aufgabe ist. Im einzelnen:

1.a) Verletzung kerntechnischer Anlagen im Krieg

Es wäre ein unzureichendes Argument, wenn man sagte, im Krieg würden ohnehin Atombomben fallen, und dann könne der Schaden durch Reaktoren nicht größer werden. Ich habe vor drei Jahren eine Studie über die Vereinbarkeit von Reaktoren in unserem Lande mit der Nato-Strategie der flexiblen Reaktion gefordert. Eine solche Studie ist inzwischen erstellt worden, deren Ergebnisse aber aus militärischen Gründen geheimbleiben. Eigene Überlegungen, die ich inzwischen angestellt habe, führen aber, soweit ich urteilen kann, zu ähnlichen Ergebnissen wie die Studie. Es ist prinzipiell möglich, einen Reaktor mit zielgenauen Waffen, auch mit konventionellen Sprengköpfen, zu zerstören. Es wird nicht leicht sein, dabei einen größeren Unfall als den GAU zu erzeugen. Dazu müßte wohl durch einen ersten Schuß die Betonhülle zerstört, durch einen zweiten das Core verdampft werden; durch zwei sukzessive taktische Kernwaffen wäre dies jedenfalls zu erreichen. Die Frage ist, ob man sich eine militärisch sinnvolle Strategie vorstellen kann, welche einerseits auf den großen

64

Atomschlag verzichtet, andererseits solche Schläge gegen Reaktoren führt. Die Frage erscheint mir deshalb wichtig, weil ich es für reines Wunschdenken halte, darauf zu rechnen, in den rund hundert Jahren, für die wir unsere Landschaft wenigstens mit Reaktoren bestücken, werde es niemals zu einem Krieg auf unserem Boden kommen. Auch Länder der dritten Welt, denen wir Reaktoren verkaufen, werden sich diese Überlegung nicht ersparen können. Ich neige freilich dazu, die Frage negativ zu beantworten. Im Anfang eines Kriegs jedenfalls, solange rationale Militärstrategie noch erwartet werden darf, ist es schwer vorstellbar, daß eine kriegführende Partei ohne sichtbaren militärischen Gewinn das antinukleare Tabu in solcher Weise verletzt. Das Ende eines langhingezogenen modernen Kriegs der Supermächte auf unserem Boden freilich würden vielleicht unsere Reaktoren, aber wohl auch unsere Nation kaum überleben. Diese Katastrophe werden wir, wenn wir sie vermeiden, durch Politik, aber nicht durch Verzicht auf Reaktoren vermeiden. Mehr Trost habe ich nicht anzubieten.

Ich benütze aber die Gelegenheit dieses Vortrags, um auf ein Problem hinzuweisen, das nicht speziell mit Reaktoren zu tun hat. Gerade im militärischen Bereich führt die natürliche Tendenz der öffentlichen Meinung, unangenehme Vorstellungen schlicht zu verdrängen, leicht dazu, daß man für Fälle unvorbereitet bleibt, auf die eine sinnvolle Vorbereitung möglich wäre. Denkt man, der Krieg müsse durch Abschreckung verhindert werden, und der Kriegsfall selbst bedürfe deshalb keiner ernsthaften Erwägung – und so denkt ja die Mehrzahl der Menschen in unserem Lande –, so vergißt man den Fall, daß unser Land Opfer einer politischen Erpressung durch die bloße Androhung begrenzter kriegerischer Handlungen werden könnte. Viel verletzbarer als die sorgfältig gesicherten Reaktoren ist aber z. B. unser zentrales Energie-

Versorgungssystem, ebenso die Lebensmittelversorgung. Die gegenseitige Abhängigkeit der Betriebe macht einen modernen Industriestaat ungleich verletzlicher als dies noch im Zweiten Weltkrieg der Fall war, an dessen Ende noch immer die lokalen Elektrizitätswerke und die lokalen Bäckereien funktionierten. Dezentralisierung der Versorgung ist für die Überlebensfähigkeit und damit auch für die Widerstandsfähigkeit gegen Erpressung wichtiger als das gesamte Reaktorproblem.

1.b) Verletzung kerntechnischer Anlagen durch Terroristen

Diese Frage wird heute natürlich von Sicherheitsexperten sorgfältig studiert. Das Prinzip der mehrfachen Sicherung wird auch hier angewandt. Eine Terrorgruppe, die versuchen würde, in einen Reaktor einzudringen und einen wirklichen Unfall auszulösen, müßte nicht nur Reaktorfachleute enthalten, sie müßte voraussichtlich zum Selbstopfer bereit sein; auch dann ist ihr Erfolg höchst zweifelhaft. Zu einem Angriff mit Raketen sind Terroristen, wenn sie Raketen besitzen, in der Lage. Wenn man solche Bedrohungen sehr ernst nimmt, wäre an zusätzliche Sicherungen, z. B. unterirdische Bauweise von Reaktoren zu denken. Vielleicht ist in unserem Lande noch größer als die doch begrenzte physische Gefahr die psychologische beim Zusammentreffen der zwei größten Arten des Bürgerschrecks: Terroristen und Kernenergie. Gleichwohl gestehe ich, daß ich die von einigen Autoren etwas hochgespielte Gefahr des Polizeistaats nicht gerade im Zusammenhang mit den Kernreaktoren zu sehen vermag. Die Nötigung, Reaktoren zu bewachen, mag die Anzahl der benötigten Polizisten erhöhen, aber der Verzicht auf die Reaktoren wird schwerlich das angstvolle Mißtrauen gegen innenpolitische Gegner, den eigentlichen Kern der Polizeistaatsgefahr, einschränken. Und Terroristen haben auch andere mögliche Ziele als die Reaktoren. Es scheint mir also, daß Terroristen und Polizeistaat *ein* Problem sind, Kernreaktoren ein anderes, und daß die Angst, die beide verknüpft, beide Probleme undeutlich sieht.

2.a) Kernwaffenausbreitung unter Nationen

Hierüber habe ich andernorts ausführlich berichtet. Hier nur die für die Entscheidung über den Umgang mit der friedlichen Nukleartechnik wichtigen Punkte. Die Ausbreitung der Kernwaffen ist in den vier Jahrzehnten seit Hahns Entdekkung langsam und unaufhaltsam fortgeschritten. Alle Wahrscheinlichkeit spricht dafür, daß sie weiterhin langsam und unaufhaltsam fortschreiten wird. Im Zusammenhang mit dem deutschen Reaktorverkauf nach Brasilien ist es über die Kopplung der Waffenproliferation mit der Ausbreitung der Reaktortechnik, speziell der Plutonium-Isolierung in Wiederaufbereitungsanlagen, zu einer schwerwiegenden Kontroverse mit den Vereinigten Staaten gekommen. Eine weltweit politisch akzeptable technische Lösung ist noch nicht gefunden. Das Anliegen des Präsidenten Carter und seiner Berater, die Waffenverbreitung durch internationale Übereinkunft soweit als möglich einzuschränken, verdient jede Unterstützung. Nichts kann törichter (und übrigens auch dem deutschen Ruf im freundlichen Ausland abträglicher) sein als die eine Zeitlang in unserer öffentlichen Meinung verbreitete Behauptung, das wesentliche Motiv der Amerikaner in diesem Punkt seien ihre eigenen Exportinteressen. Man muß nur die Kritik amerikanischer Kernenergieproduzenten an der Politik ihrer eigenen Regierung verfolgen, um sich hierüber eines Besseren zu belehren. Die Amerikaner haben andererseits eine Zeitlang nicht gesehen, daß das vom Ford-Mitre-

Report* propagierte vorerst unbegrenzte Hinausschieben von Wiederaufbereitung und Brüterprogramm für so ressourcenarme Länder wie die Bundesrepublik eine inakzeptable Bedrohung des eigenen Kernenergieprogramms bedeuten kann. Entscheidend ist jedoch, ob eine für die Empfängerländer der Kerntechnik *politisch* akzeptable Lösung des Problems gefunden wird. Denn technisch sind die kommerziellen Wiederaufbereitungsanlagen zur Waffenherstellung nicht nötig. Wenn wir die Schwellenmächte der Zustimmung zur Nichtverbreitungspolitik politisch entfremden, so genügt keine Verweigerung der Lieferung kommerzieller Technologien, um sie an der Herstellung von Atomwaffen zu hindern.

2.b) Kernwaffenausbreitung bei Terrorgruppen

Die begründete Furcht vor der »Plutonium-Ökonomie«, also der weltweiten Zirkulation separierten Plutoniums, betrifft die Entwendung dieses Materials durch terroristische Organisationen. Über die Selbstgefährdung solcher Gruppen durch das toxische Material und über die Sprengwirkung selbstgebastelter Bomben – auch etwa über die Entwendbarkeit fertiger Kernwaffen aus nationalen Arsenalen – hört man auseinandergehende Urteile. Die Gefahren sind offenkundig, jede technische Sicherung, auch wenn sie ökonomische Erschwerungen mit sich bringt, ist anzuraten, und volle Sicherheit dürfte unerreichbar sein. Im übrigen weiß ich zu dem Problem keinen anderen Kommentar zu geben als weiter oben schon zum Terrorismus.

* *Report of the Nuclear Energy Policy Study Group, Ford-Foundation,* »*Nuclear Power. Issues and Choices*«, Cambridge, Mass., Ballinger Publishing Co. 1977.

Alternative: eine asketische Weltkultur?

Ehe ich schließe, möchte ich einen kurzen grundsätzlichen Rückblick auf das in diesem Vortrag Gesagte werfen. Ich schneide damit eine Frage an, die einer anderen und wichtigeren ausführlichen Erwägung bedürfte, eine Frage, die heute aber wenigstens genannt werden soll.

Ich habe in diesem Vortrag, bei aller Vorsicht der Abwägung, doch offensichtlich für die Kernenergie argumentiert: langfristig gesehen eindeutig in den Abschnitten über Bedarf und Ressourcen, behutsam aber auch im Abschnitt über Gefahren. Aber mein Argument war nicht, die Kernenergie sei gefahrenlos. Es lautete nur, die ohnehin bestehenden Gefahren würden durch den Verzicht auf Kernenergie nicht wesentlich vermindert werden.

Dem grundsätzlichen Blick muß in der Tat unsere technische Zivilisation umstellt erscheinen von selbsterzeugten Gefahren. Die Menschheit braucht Wirtschaftswachstum, um auch nur die Menschen zu ernähren, die unsere Medizin schon zum Leben verurteilt hat. Unser Gesellschaftssystem braucht weiteres Wachstum, um die Strukturänderungen zu ertragen, zu denen das bisherige Wachstum es zwingt. Keine der bald verfügbaren Energiequellen ist ohne Gefahren, klimatisch-ökologisch die fossilen Brennstoffe, anfällig vielleicht gegen Unfälle, gewiß gegen Gewalttat die Kernenergie. Haben nicht jene Kulturkritiker recht, die einen grundsätzlichen Verzicht auf die sogenannte Wachstumsideologie fordern, auf die Erzeugung immer neuer Bedürfnisse, die nur der Aufrechterhaltung des Wachstums dienen, ohne unser Glück zu vermehren? Muß unser eigentliches Ziel nicht eine neue Bewußtseinsstufe der Menschheit sein, die auf gefährdenden Überfluß zu verzichten lernt? Wäre das heilsame Ziel nicht eine asketische Weltkultur? Ich verweise auf Fritz Schumacher als den wohl abgewogensten Autor dieser Denkrichtung*.

Wenn die Minuten zur Erörterung einer Frage knapp sind, wird man genötigt, sich in der Form persönlicher Bekenntnisse zu äußern. Ich bekenne mich zu einer elementaren Sympathie für den Gedanken asketischer Kultur. Askese heißt Selbstbeherrschung. Wie sollen wir unsere Probleme meistern, wenn wir uns nicht zu beherrschen vermögen? Aber folgt daraus, daß, wer heute politische und wirtschaftliche Verantwortung trägt, eine Wirtschaftspolitik betreiben kann, welche selbst auf die bescheidenen Wachstumsraten verzichtet, die ich im Abschnitt über Bedarf genannt habe? Ich glaube nicht.

Zunächst, so scheint mir, spiegeln alle Gefahren, die wir vor uns sehen, keine technischen Ausweglosigkeiten, sondern eher umgekehrt die Unfähigkeit unserer Kultur, mit den Geschenken ihrer eigenen Erfindungskraft vernünftig umzugehen. Maschinen können automatisiert werden, ein Gesellschaftssystem aber bedarf der Träger, die dieses System verstehen und ihm mit ihrem Willen zustimmen. Verzicht auf die fortschreitende Technik ist, auch wo er heilsam wäre, in einer unerleuchteten Menschheit wie der heutigen politisch und ökonomisch nicht durchsetzbar; in einer ihrer Situation bewußteren Menschheit aber wäre er vermutlich überflüssig. Bewußtseinsentwicklung ist die Aufgabe, welche die technische Entwicklung uns stellt. Ich bin gelegentlich gefragt worden, woher ich das Vertrauen auf die Vernunft nehme. Mein Vertrauen auf die heute wirksame Vernunft ist nicht groß; meine Gegenfrage wäre nur, ob der Frager mir Vertrauen auf die Unvernunft empfehlen will. Wir haben in der Tat keine andere Wahl als die, uns durch unsere selbsterzeugten Pro-

* E. F. Schumacher, *Small is Beautiful,* deutsch *Die Rückkehr zum menschlichen Maß. Alternativen für Wirtschaft und Technik,* Rowohlt 1977.

bleme bewußt unter denjenigen Leidensdruck setzen zu lassen, ohne den nie eine Bewußtseinsreifung geschieht. Und ohne Bewußtseinsreifung meistern wir unsere Probleme nicht.

Erst in diesem Zusammenhang würde man ernstlich von einer asketischen Kultur sprechen können. Bewußte Askese, selbstbeherrschende Zurückhaltung, ist etwas anderes als die Bescheidenheit des Armen, der sich mit dem begnügt, was er haben kann. Bewußte Askese ist bisher stets von Minderheiten geübt worden, die dadurch das Bewußtsein ihrer Aufgabe wachhielten. So die tiefe Erfahrungswelt, welche die religiöse Askese aufschließt. So die Selbstzucht, ohne welche herrschende Eliten niemals lange zu dauern vermochten, bis hin zu den Leistungsanforderungen, die jeder heutige Technokrat an sich stellen muß. So die eindrucksvollen Ansätze intellektueller Minderheiten unserer Tage, zu einem bedürfnislosen Leben zurückzukehren. Eine demokratische Askese aber, eine asketische Demokratie, hat es bis heute nicht gegeben. Die heutige Menschheit ist in ihrer Mehrheit arm, aber weder die reiche Minderheit noch die arme Mehrheit ist asketisch. Diejenigen, welche für diese Menschheit politisch planen, müssen Wege suchen, die für diese Menschheit gangbar sind; erzieherische Wege gewiß, aber nicht solche, die sich durch undurchsetzbare Forderungen selbst zur Ungangbarkeit verurteilen. Nicht jeder muß freilich politisch planen; es ist eine wichtige Funktion einer kulturellen Minderheit, einer Avantgarde, sich dem Tageserfolg zu versagen, um ein höheres Ideal vorzuleben. Mein heutiger Vortrag aber war an die politisch Planenden gerichtet.

Folgerungen

Ich schulde Ihnen ein Resümee meiner praktischen Empfehlungen. Mir scheint:

1. Wir sind zur Förderung eines maßvollen Wachstums des Sozialprodukts gezwungen, also auch eines Wachstums des Energieumsatzes.

2. Erste Priorität sollte die Energieersparnis haben, ganz besonders diejenige, die nicht das Wachstum des Sozialprodukts, sondern nur den Elastizitätskoeffizienten zwischen Energie und Sozialprodukt herabsetzt.

3. Fossile Brennstoffe, auch Kohle, sind aus ökologischen Gründen langfristig wahrscheinlich schädlicher als Kernenergie, sollten also nicht vorrangig gefördert werden.

4. Die Sicherheit der Kernenergie ist vor allem ein Problem der Sicherung gegen Gewalt. Hier sind vor allem weitere technische Verbesserungen zu suchen. Langfristig mag die Vereinigung mehrerer Techniken in einem Gelände, wie jetzt schon beim deutschen Entsorgungszentrum geplant, die Form »nuklearer Parks« annehmen.

Ich beschränke mich auf diese Punkte. Detailvorschläge sind nicht Sache dieses Vortrags, gehen auch über meine Fachkompetenz hinaus. Längerfristige Entwicklungspläne sind ebenfalls mehr, als ich hier zu geben vermag; Kriterien zu ihrer Beurteilung habe ich zu liefern versucht.

4. Gehen wir einer asketischen Weltkultur entgegen?*

Die Frage

Das Motiv dieses Aufsatzes liegt in der Praxis. Er stammt aus den Besorgnissen, die sich mit den Entscheidungen der heutigen Politik, zumal der Wirtschaftspolitik verbinden. Er ist damit zugleich ein Versuch, auf gewisse kritische Rückfragen einzugehen, die ich zu den drei politischen Vorträgen gehört habe, mit welchen ich jetzt diesen Band einleite. Diese Vorträge scheinen auf einen Ton des gedämpften Optimismus gestimmt. Ersparen sie nicht – so wird gefragt – eben damit der herrschenden Politik die notwendige Kritik?

Die Absicht der Vorträge war nicht, Optimismus zu verbreiten, wohl aber Mut; eben darum nicht Dämpfung des Tones, wohl aber unterscheidende Deutlichkeit des Denkens. Es sei mir erlaubt, hier an den Sinn des Buchtitels *Wege in der Gefahr* zu erinnern. Die heutige Menschheit wandert durch eine Zone tödlicher Gefahr. Der Weg in der Gefahr wird aber nicht gefunden, wenn man die Gefahr dort vermutet, wo sie nicht ist. Nicht durch ihre Gegner ist unsere politische Freiheit am tiefsten gefährdet, sondern durch unsere – d. h. ihrer Nutznießer – Unfähigkeit, sie ihrem Sinn gemäß zu gebrauchen. Nicht speziell die Kernenergie ist gefährlich, sondern die wachsende Gewaltanwendung in der technischen Welt. Was aber ist der Grund dieser Unfähigkeit der heutigen Menschheit, mit den politischen und technischen Instrumenten umzugehen, die sie selbst in ihrer Geschichte geschaffen hat?

* Für diesen Band geschrieben.

Der gegenwärtige Aufsatz gibt sich mit einer bestimmten Antwort auf diese Frage ab. Diese Antwort sieht einen wesentlichen Grund des Versagens im zügellosen Verfolgen ökonomischer Ziele, im unbegrenzten, ja sogar ideologisch geforderten Wirtschaftswachstum. Ich möchte auch dieser Ansicht mit dem Bemühen um unterscheidende Deutlichkeit gegenübertreten.

Zum Wortgebrauch: Im Titel des Aufsatzes kommt das Wort »asketisch« vor. Ich werde versuchen, mehrere Bedeutungen des Worts zu unterscheiden. Zunächst sei, in einer vorläufigen Definition, eine Kultur als asketisch bezeichnet, die bewußt und aus Grundsatz auf ökonomische Güter verzichtet, welche in ihrer technischen Reichweite liegen. Unsere heutige Kultur ist in der Tat nicht nur nicht asketisch, sondern sie ist bewußt anti-asketisch. Sie ist erstens konsumtiv; ökonomische Bedürfnisse werden bejaht und erfüllt. Sie ist zweitens strukturell kapitalistisch; Bedürfnisse werden geschaffen, um den Markt vergrößern, also die Produktion steigern zu können. Sie ist im Effekt technokratisch, auch dort, wo sie sozialistisch-planwirtschaftlich auftritt; der Wert, der sich durchsetzt, ist der Fortschritt der Technik, auch wo wir in subjektiv ehrlichen Bekenntnissen andere Werte wie individuelle Freiheit oder Solidarität und soziale Gerechtigkeit höher stellen. Im Sinne dieser Kennzeichnungen kann man, bei allen Verschiedenheiten der überlieferten Kulturen, schon von einer heutigen Weltkultur sprechen. Diese Kultur ist unvollständig, selbstgefährdend, voll innerer Widersprüche. Die Frage ist, ob sie einer Phase entgegengeht oder doch entgegengehen sollte, in der sie einige der Gefahren und Widersprüche durch eine asketische Haltung meistern könnte.

Diese Frage, Kritikern unserer Kultur seit langem vertraut, ist populär geworden durch einige im letzten Jahrzehnt manifest gewordene Probleme. Die Ölkrise hat den ökonomisch

74

herrschenden Nationen die Erfahrung vermittelt, die den ökonomisch unterentwickelten Nationen seit langem bewußt ist: daß ein ökonomisches Weltsystem kaum erträgliche nationale Abhängigkeiten mit sich bringt. Das Bevölkerungswachstum, Folge der wissenschaftlich-technischen Weltkultur, droht alle ökonomischen Fortschritte zu verzehren. Die politisch durchgesetzte Erhöhung des Lohnniveaus in Industrieländern treibt den technischen Fortschritt in der Richtung der Rationalisierung, also anscheinend unumkehrbar anwachsender Arbeitslosigkeit; diesem speziellen Problem soll der Schlußabschnitt dieses Aufsatzes gewidmet sein. Nach dem Verbrauch des billigen Öls wird die Kapitalintensität der Energieproduktion voraussichtlich so sehr steigen, daß über eine längere Frist nicht bloß das Wachstum, sondern sogar die Aufrechterhaltung des Sozialprodukts pro Kopf zweifelhaft erscheint. Es ist fraglich, ob wir die Umweltschädigung, die durch weiter wachsende Wirtschaft erzeugt wird, in Schranken halten können. Die Menge der psychischen Störungen in unserer Gesellschaft nimmt zu; es sei erlaubt, Rauschgifte und Terrorismus als Beispiele unter dieser Überschrift mitzuführen. Die Störanfälligkeit gegen Gewalt in hochtechnisierten nationalen und internationalen Systemen nimmt natürlicherweise zu, damit die Versuchung des Polizeistaats. Das außenpolitische System hat die jahrtausendealte Institution des Kriegs noch nicht überwunden; als Weltsystem geht es schwanger mit dem Weltkrieg.

Die Abhilfen, die das heutige System versuchen kann, sind naturgemäß systemimmanent. Sie sind im Prinzip dieselben, durch die es seine vergangenen Krisen erzeugt und bewältigt und so sein gewaltiges Wachstum produziert hat. Das System gleicht einem Fahrrad, das nur stabil ist, wenn es weiterfährt. Ein paar stilisierende Beispiele: Man bekämpft Ölkrisen durch Ölbohrungen, allgemeiner gesagt Energiemangel durch

Energieplanungen, in denen die Ersparnis stets weniger ausmacht als die Erschließung neuer Energiequellen. Man begegnet dem Bevölkerungswachstum und der Arbeitslosigkeit mit weiterem Wirtschaftswachstum, der Umweltschädigung mit Umwelttechnik, der Gewalt mit Kontrolle, dem Krieg mit Abschreckungsrüstung, den psychischen Störungen mit Psychoanalyse, Massenpädagogik und schließlich Polizei.

Wer einmal, sei es auch nur ernsthaft beratend, an Regierungsverantwortung teilgenommen hat, weiß, daß der Handlungsspielraum sehr eng ist; daß das bestehende System diese Art, seine Probleme zu lösen, selbst programmiert. Ich habe in meinem bescheidenen Umgang mit den Aufgaben der praktischen Politik hohen persönlichen Respekt gelernt gegenüber den verantwortungsbewußten Technokraten, welche die moralische Tugend der Präzision, der Konsequenz in der Planung und Durchführung der unerläßlichen Maßnahmen üben, gegen die faulen Kompromisse der Interessengruppen, gegen Trägheit und blinde Emotion. Ich habe die tiefe Skepsis bestätigt gefunden gegenüber der Meinung, Demokratisierung oder Sozialisierung oder Sozialismus könnten irgendeines dieser Probleme besser lösen; die Mentalität der Mitbestimmenden erweist sich durch dieselben Motive gelenkt wie die der bisher Alleinbestimmenden, nur unerleuchteter, egoistischer, chaotischer. Dies ist kein Einwand gegen die historische Notwendigkeit der Partizipation. Partizipation ist ein unerläßlicher Teil des massenpädagogischen Prozesses, den man Demokratie nennt; des Lernens der Entscheidung durch die Betroffenen. Wir Menschen müssen lernen, die Welt, in der wir leben, als unsere eigene Welt zu verstehen; in dezentraler Entscheidung, soweit möglich, sie mitzutragen. Eine der negativen seelischen Wirkungen der technischen Kultur ist gerade die Konsumentenmentalität, die Unwilligkeit zur Teilhabe an Verantwortung. Aber nicht die Teilhabe der Massen an technokratischer Entscheidung löst die immanenten Probleme der Technokratie, denn diese sind nicht die uralten Probleme der Herrschaft (»-kratie«), sondern die modernen Probleme des richtigen Gebrauchs der Technik.

So stellt sich in der Tat die Frage, ob nicht von uns allen eine grundsätzliche Verweigerung gefordert ist, eine radikale Abwendung von der konsumtiv-technokratischen zu einer asketischen Kultur. Vielleicht darf ich die Vorstellungen von einer solchen Wendung durch die Nennung von sieben Namen präzisieren; zwei Namen spontaner Volksbewegungen, fünf Namen gedanklich und politisch führender Personen. Die *Umweltschutzbewegung* setzt der Bedürfnisschaffung durch eine naturzerstörende Technik die erklärte Bereitschaft zum Konsumverzicht entgegen. In einer mehr phantastischen und radikalen Form hat vor einem Jahrzehnt die Jugendbewegung der *Hippies* die Macht der Industriekultur unter dem symbolischen Titel »flower power« durch die Verweigerung der Teilnahme an der Produktion und, soweit möglich, am Konsum der Güter dieser Kultur herausgefordert. Könnte man diese Phänomene noch als Selbstekel der Wohlstandsgesellschaft erklären wollen und ihnen die Notwendigkeit einer Industrialisierung der Entwicklungsländer entgegenhalten, so ist es lehrreich, daß die wichtigsten geistigen und politischen Wortführer einer asketischen Kultur ihre entscheidenden Erfahrungen gerade den Entwicklungsländern verdanken. *Fritz Schumacher* fragt, ob wir ihnen alle Probleme der Industrie, zumal die Arbeitslosigkeit durch Automatisierung, exportieren sollen; Eigenarbeit, small ist beautiful. *Ivan Illich* bemerkt, daß 20% der Menschheit sich eine Zivilisation geschaffen haben, die das an sich überflüssige Auto lebensnotwendig macht, während 80% sich das wirklich nützliche Fahrrad nicht leisten können. Der große Stammvater dieser Lebenspraxis ist *Gandhi* mit dem Spinnrad; nicht die nationale

Befreiung Indiens, sondern die bescheidene Selbständigkeit seiner Menschen war sein wichtigstes Ziel. *Mao Tse-tung* und *Nyerere* haben die ernsthaftesten Versuche politisch realer »asketischer« Alternativsysteme gemacht.

Es sei mir erlaubt, als ersten Ansatz zu einem Urteil über diese weltweite Bewegung meine persönlichen Empfindungen zu registrieren. Ich bin jeder einzelnen der sieben von mir soeben aufgezählten Gestalten der Bewegung, sobald sie in meinen Gesichtskreis trat, mit spontaner Sympathie, ja Bewunderung begegnet; am tiefsten berührt hat mich Gandhi. Aber nicht eine dieser Gestalten hat mich überzeugen können, der Erfolg werde auf ihrer Seite sein. Wollte ich, auch nur in der Form öffentlich geäußerten Rats, konkrete politische Verantwortung in meinem Lande mittragen, so konnte ich keiner mehrheitsabhängigen Regierung zumuten, einem dieser Modelle in seiner Strenge zu folgen. Die Frage konnte nur sein, ob ein politisch chancenloser Protest gleichwohl die langfristig politisch wichtigere Leistung sei als die Suche nach für die Heutigen gangbaren Wegen in der Gefahr.

Dieser Spontanreaktion aber fehlt noch die unterscheidende Deutlichkeit. Es kommt darauf an, das Berechtigte und das Unberechtigte, das heute Ausführbare, das langfristig Ausführbare, das vielleicht nie Ausführbare zu unterscheiden, sowohl in den Motiven und Handlungsweisen der heutigen konsumtiv-technokratischen Kultur wie in denen der asketischen Alternativlösungen. Ein erster Schritt dazu sei die Unterscheidung verschiedener Bedeutungen des mit der Absicht der Herausforderung eingeführten Begriffs »asketisch« und das Verständnis ihres Zusammenhanges.

Bescheidenheit, Selbstbeherrschung, Askese

Das moralische Problem der Askese ist der Umgang des Menschen mit für ihn jeweils nicht knappen, sondern zugänglichen Gütern; nicht mit seiner Armut, sondern mit dem ihm möglichen Reichtum. Es ist kein Zufall, daß die Herausbildung asketischer Lebensformen sozialgeschichtlich mit der Entwicklung wohlhabender Oberschichten gekoppelt gewesen ist. Was die Alternativbewegungen gegen die technokratische Konsumgesellschaft fordern, muß jedoch, soll es wirksam sein, eine demokratische Askese sein. Aber führt hier der zugespitzte Begriff der Askese* nicht in die Irre? Handelt es sich um mehr als die gute alte Tugend verständiger Bescheidenheit?

Ich möchte wenigstens drei Stufen der Zurückhaltung gegenüber erreichbaren Gütern unterscheiden, unter den Titeln Bescheidenheit, Selbstbeherrschung und eigentliche Askese. Jede von ihnen entspricht, als soziales Leitbild einer Gesellschaft oder einer gesellschaftlichen Gruppe verstanden, einer wohlumschriebenen, jeweils anderen Situation. So wie diese Leitbilder sich in der vergangenen Geschichte ausgebildet haben, sind sie auf die überlieferte Ethik des Herrschens und Dienens bezogen. Das Problem, mit dem wir uns auseinandersetzen müssen, ist ihre Übertragung auf die seit den Revolutionen des späten 18. Jahrhunderts langsam sich herausbildende Ethik der Freiheit und Gleichheit. Bescheidenheit soll in diesem historischen Zusammenhang ein Leitbild aus dem Ethos der Dienenden bezeichnen, Selbstbeherrschung ein

---

* Für die Verwendung dieses Begriffs im voranstehenden Vortrag über Kernenergie bin ich mit dem Argument »von links« getadelt worden, ich führe hier einen zugleich elitären und unrealen Begriff ein, der das angestrebte sinnvolle Ziel einer den Massen sehr wohl verständlichen Bescheidenheit diskreditiere und so der Technokratie in die Hände arbeite.

Leitbild aus dem Ethos der Herrschenden, eigentliche Askese ein Leitbild aus dem Ethos der Entsagenden. Wir werden keines der drei Leitbilder verstehen, wenn wir nicht die spezifische soziale Situation sehen, der es einst angepaßt war.

Dieses geschichtliche Verständnis fällt eigentümlicherweise gerade den soziologisch denkenden modernen Intellektuellen besonders schwer. Diese Verständnisschwierigkeit ist freilich selbst leicht erklärbar; sie hat einen, meist unbewußten, Zweck. Die modernen Intellektuellen haben sich in ihrer Mehrzahl der Ethik der Freiheit und Gleichheit verschrieben. Sie sehen Herrschaft als ein zu überwindendes Übel und die alte Ethik des Herrschens und Dienens als eine zur Stabilisierung der Herrschaft erfundene Ideologie. Das soziologische Denken dient ihnen als Waffe, als Instrument zur Entlarvung dieser Ideologie; es hat für sie die ideologische Funktion der Ideologiekritik.* Nun soll hier nicht geleugnet werden, daß sich die Menschheit in einem langsamen und schmerzhaften Übergang von der Ethik des Herrschens und Dienens zur Ethik der Freiheit und Gleichheit befindet. Dieser Übergang aber verwandelt, ebenso langsam und schmerzhaft, alle auf konkrete Situationen bezogenen spezielleren ethischen Begriffe und Verhaltensweisen. Ökonomisch gesagt: indem Güter, die früher nur den Herrschenden zugänglich waren, der ganzen Gesellschaft zugänglich werden, steht die ganze Gesellschaft vor bestimmten ethischen Problemen, die es früher nur für die Herrschenden gab. Ehe wir die heutige Gestalt dieses Problems zu verstehen suchen, ist es daher sinnvoll, uns ihre Herausbildung in den überlieferten ökonomisch-sozialen Verhältnissen zu vergegenwärtigen.

Als Bescheidenheit sei zunächst ganz allgemein die Tugend bezeichnet, nicht mehr zu begehren, als man vernünftiger-

* Vgl. meine »Notizen zur Ideologiekritik«, *Merkur* 9, 1974; abgedruckt in *Fragen zur Weltpolitik,* München, Hanser 1975.

weise zu erhalten hoffen kann. »Vernünftigerweise« heißt hier: im Blick auf das Ganze der Gesellschaft, der man angehört. Der Bescheidene will nicht mehr haben als der Durchschnitt der anderen, ja, er ist mit weniger zufrieden. Dies ist zunächst ein natürliches einhaltbares soziales Leitbild für eine homogene Gesellschaft mit knappen, aber ausreichenden Gütern, also insbesondere für kleine, überschaubare, primitive Wirtschaftsformen. Bescheidenheit ist in der Tat ein sehr altes Leitbild, das in den Hochkulturen schon sehr früh als die Tugend der Vergangenheit gepriesen und der Gier der jeweiligen Gegenwart gegenübergestellt wurde (so schon von Konfuzius und von Platon). Etwas von diesem konservativen Pathos ist auch in jeder der oben aufgezählten sieben Gestalten der modernen »asketischen« Gegenbewegung bewahrt, auch dort, wo diese zugleich mit dem Anspruch sozialer Revolution auftreten. Man ist überzeugt, daß auch die moderne Menschheit in Wahrheit knappe, aber bei bescheidener Verwendung ausreichende Ressourcen habe. Man erhebt die Bescheidenheit der Ressourcenverwendung zum moralischen Postulat. Die Frage ist nur, ob diese so einleuchtende Forderung die seelischen Triebkräfte richtig einschätzt, und zwar sowohl die seelischen Triebkräfte, gegen die sie sich wendet, wie die seelischen Triebkräfte, aus denen heraus sie selbst erhoben wird. Meine Behauptung ist, daß sie selbst gerade nicht aus schlichter Bescheidenheit, sondern aus einem asketischen Pathos ihrer Verfechter hervorgeht, und daß sie nur dann eine Durchsetzungschance hat, wenn dieses asketische Pathos sich selbst versteht.

Mit Recht kann der Verfechter des moralischen Postulats der Bescheidenheit antworten, daß er nichts radikal Neues verlangt, sondern an die überlieferten »Tugenden des kleinen Mannes« anknüpft. In der Tat hatten in der Vergangenheit gerade die unteren Gesellschaftsschichten feste und strenge

Regeln des Verhaltens, zumal der Sparsamkeit. Das gilt von Bauern und Handwerkern und kennzeichnet ebenso das seit der industriellen Revolution herausgebildete Ethos der Arbeiterbewegung. Man findet dieses Ethos als eine der Kraftquellen der klassischen Sozialdemokratie und noch der heutigen kommunistischen Parteien in vielen Ländern, gerade soweit diese Parteien wirklich Arbeiterparteien sind. Aber mit dieser Beobachtung sind wir von der Bescheidenheit als dem eher fiktiven Leitbild einer ganzen Gesellschaft in die historische Realität der Bescheidenheit als Leitbild für das Verhalten einer Unterschicht, einer dienenden Klasse übergegangen. In ökonomisch und sozial stabilisierten Herrschaftsverhältnissen konnte eine dienende Schicht unter dem Leitbild der Bescheidenheit ihre Selbstachtung, ihre Identität bewahren. Eben darum aber ist die Resistenz der »Tugenden des kleinen Mannes« gegen den hereinbrechenden technischen Wohlstand so gering. Bescheidenheit, die auf sozial unerreichbare Güter verzichtet, ist – so zeigt sich – etwas anderes als Selbstbeherrschung, die auf sozial erreichbare Güter verzichtet.

Eine Randbemerkung: Im Ästhetischen, diesem immer so feinen Seismographen einer Kultur, zeigt sich die mangelnde Resistenz der Tugenden des kleinen Mannes besonders deutlich. Schönste Volkskunst, wie es sie in jeder bäuerlichen und handwerklichen Kultur gibt, erliegt fast immer der Überschwemmung mit willig akzeptiertem technischem Kitsch, sofern nicht Intellektuelle, als Sprößlinge der Oberschicht, die gleichsam mit dem modernen Virus schon durchseucht sind, sie zu schützen lehren. Die Erfahrung lehrt, daß bewußte kulturelle Disziplin etwas ganz anderes ist als »anständige Armut«.

Wenn eine dienende Schicht einst unter dem Leitbild der Bescheidenheit ihre Identität stabilisierte, so stabilisierte dieses Leitbild natürlich zugleich die bestehende soziale Rangordnung. Dies wird noch deutlicher, wenn wir bedenken, daß nicht bloß – schon in den Tiergesellschaften – sozialer Rang den Zugang zu knappen Gütern regelt, sondern umgekehrt der Zugang zu knappen Gütern zum sozialen Statussymbol wird. Die Weckung immer neuer materieller Bedürfnisse, von der Produzentenseite her gesehen ein kapitalistisches Motiv, ist von der Konsumentenseite her vermutlich vor allem durch den Wettlauf um den sozialen Status gefördert worden; und dieses letztere Motiv zeigt sich heute in realen sozialistischen Gesellschaften, angesichts der in ihnen herrschenden größeren Knappheit und strikteren sozialen Rangordnung, eher noch penetranter als in kapitalistischen. Man bedarf – um in unserem Raum zu bleiben – eines recht stabilen sozialen Selbstbewußtseins, um in einer Gesellschaftsschicht, die Mercedes fährt, VW zu fahren, oder in einer Altersstufe, die Motarrad fährt, unbekümmert das Fahrrad zu benutzen.

Diese kleine aktuelle Beobachtung über die Stabilisierungsbedürftigkeit von Rangordnungen mag ausreichen, um uns, nun wieder im Blick auf die Vergangenheit, an die Notwendigkeit eines sozialen Leitbildes auch für die Herrschenden zu erinnern. Herrschaft als ständiger Kampf um den Rang ist nicht hinreichend stabilisiert. Es ist vielmehr zentral für die Ethik des Herrschens und Dienens, daß der Herrschende sich immer zugleich als Dienender versteht. Es muß eine in seinen Augen sittlich gerechtfertigte Ordnung geben, die ihm zwar die Herrschaft gewährt, die er aber auch durch seinen Herrscherwillen nicht ändern kann. In einer feudalen oder hierarchischen Rangordnung sieht der kleinere Herr sich konkret als Dienenden, indem er stets einen größeren Herrn über sich weiß. Auch der oberste menschliche Herr, »von Gottes Gnaden« oder im mythischen Zeitalter selbst ein Göttersohn, weiß eine göttliche Macht über sich. Der moralisch unumschränkte Herr, der die Ordnung selbst nicht respektiert, ist zu allen Zeiten als ein Scheusal moralisch verurteilt worden. In der säkularisierten Fassung der Herrschaftsethik wird Herrschaft zu einem Amt, sie wird nun gerade als Dienst am Ganzen überhaupt erst gerechtfertigt.

Diese Ethik des Herrschens und Dienens ist ebenso wie die Ethik der Freiheit und Gleichheit, welche begonnen hat, sie abzulösen, zahllosen Formen des Mißbrauchs und der Lüge geöffnet. Aber es ist ein für die moderne Ideologiekritik charakteristischer psychologischer Fehler, die Moral des Herrschens und Dienens prinzipiell als Beschönigung der Herrschaft aufzufassen – als ob diese für einen wirklichen Herrn der Beschönigung bedürfte. Dieses Urteil ist nur ein Symptom des tödlichen Kampfes, der so oft zwischen differierenden Moralsystemen entsteht; des moralischen Problemes der Moral.* Aber um den Versuchungen des Mißbrauchs zu widerstehen, bedarf das Ethos des Herrschers einer persönlichen Moral der Selbstbeschränkung. Das sittliche Ich des Herrschenden muß auch über sein eigenes begehrendes Ich herrschen. Das bezeichnet der Ausdruck der Selbstbeherrschung. Nur wer sich selbst beherrschen kann, ist sittlich qualifiziert, über andere zu herrschen.

Wir haben oben Selbstbeherrschung als den Verzicht auf sozial erreichbare Güter bezeichnet. Dies hat zunächst einen direkten sozialen Sinn. Gesellschaftlich gesehen, sind auch in der Klassengesellschaft der Hochkultur viele der wichtigsten Güter knapp, wenngleich sie dem Angehörigen der herrschenden Klasse verfügbar sein mögen. Keine Versuchung ist für den Herrn größer, als die Dienenden auszubeuten; eben darum ist für ihn im Ethos des Herrschens und Dienens keine moralische Pflicht wichtiger als die Fürsorge für die Dienen-

* Vgl. *Garten des Menschlichen*, S. 120–121, 474–475.

den. So jedenfalls haben die immer wiederkehrenden Gesetz-
geber und Propheten gelehrt.

Selbstbeherrschung hat aber auch eine elitäre Funktion. Sie
dient in Adelsgesellschaften der Unterscheidung des Vornehmen und Unvornehmen. Edelmann und – noch mehr –
Edelfrau ist nur, wer sich innerhalb der gesellschaftlich anerkannten Formen zu beherrschen vermag. Das ist nicht nur
Unterscheidung durch Stilisierung. Die Regeln adligen Verhaltens sind fast durchweg so geartet, daß sie, physiologisch
wie soziologisch gesehen, die Kontinuität der Adelsschicht
gewährleisten. Der Adel war zunächst ein Kriegerstand. Der
Krieger, wie später der Sportsmann, kann die erforderliche
körperliche Überlegenheit nur durch ständiges Training aufrechterhalten. Training heißt auf griechisch *askesis,* Askese.
Die adligen Herren waren vielleicht die ersten, welche die
physiologische Wichtigkeit bestimmter Formen der Askese
erkannten. Körperbau und Triebstruktur des Menschen sind,
seiner Herkunft gemäß, einem Leben in Knappheit und Gefahr angepaßt. Einer Herrenschicht konnte nicht verborgen
bleiben, wie der ökonomische Wohlstand die angeborene
Vernunft der Affekte derangiert. Der Wohlstand gestattet,
die Triebe der Trägheit, des Hungers, der Sexualität weit über
ihre physiologische Funktion hinaus zu befriedigen, ja zahl-
lose neue Bedürfnisse, darunter hochkulturelle, zu erzeugen.
Eine Herrenschicht, welche die ihr verfügbaren Formen der
Trieberfüllung voll ausnutzt, ist zum baldigen Untergang verurteilt. Dies zu erkennen, war darum für den Adel Vorbedingung des Überlebens. Eine Adelsschicht mußte, in diesem
speziellen Sinn der Worte, nicht glücksorientiert sondern
wahrheitsorientiert sein, wenn sie fortbestehen wollte.

Körperliches Training ist aber nur ein besonders deutliches
Beispiel der für die Fortdauer des Adels notwendigen Selbstbeherrschung. Materielle Güter sind ihm ein anvertrautes

Erbe, das von Generation zu Generation weiterzugeben ist. Sexualmoral hat die Reinheit des Bluts (heute sagt man: der Gene*) zu bewahren; das erklärt fast alle Formen erotischer Restriktion und Libertät von Adelsschichten, zumal die so weit verbreitete ungleiche Moral für Mann und Frau. Der legitime Waffenträger, der nicht die eigene gesellschaftliche Ordnung zerstören soll, muß schließlich als wichtigste Qualität die Selbstbeherrschung haben, dem Tötungstrieb außer in rituell geordneten Zusammenhängen nicht nachzugeben; das ist der Anfang der »Ritterlichkeit«.

Neben den einander ergänzenden Leitbildern der Bescheidenheit der Dienenden und der Selbstbeherrschung der Herrschenden steht in fast allen Hochkulturen das Leitbild echter Askese der Entsagenden. Diese Entsagung versteht sich im allgemeinen religiös. Medizinmann und Priester, Einsiedler und Mönch, der Fromme einer Heilssekte, jeder, der in sich und anderen eine religiöse Reinigung und Reifung sucht, braucht Übung, Askese. Er braucht insbesondere die Beherrschung der elementaren leiblichen Bedürfnisse, ihre scharfe Zügelung in Fasten und sexueller Enthaltung. Er braucht die scharfe Zügelung der gesellschaftlichen Bedürfnisse durch freiwillige Armut und durch Machtverzicht, letzteren in den religiösen Orden wie im Militär in der Form des freiwilligen Gehorsams. Einheitlich in den Grundzügen, wenngleich mit zahllosen kulturellen und individuellen Schattierungen, findet sich diese Erfahrung in allen überlieferten Kulturen.

'Unserer konsumtiven Gesellschaft blieb es vorbehalten, diese Erfahrung zu vergessen. Dem Bewußtsein des wissenschaftlichen Zeitalters steht zudem die religiöse Sprache nicht mehr zur Verfügung, in der einstmals diese Erfahrung sich selbst verständlich wurde. So hat man in neueren Zeiten die

---

* Erst in den letzten Jahren hat eine Schule von Genetikern den »Egoismus des Gens« entdeckt.

asketische Grunderfahrung mit einer kulturell bedingten Interpretation verwechselt und hat jene Grunderfahrung für ein Mißverständnis, für das Werk eines leibfeindlichen religiösen Weltbildes gehalten. So kann immer wieder die Durchbrechung von »Tabus«, die die traditionelle Gesellschaft selbst nicht mehr versteht, das echte Erlebnis einer neugewonnenen Freiheit und Wahrhaftigkeit vermitteln, oft ohne die Ahnung, daß mit dieser Freiheit der Lehrgang nur von neuem beginnt. In Wahrheit handelt es sich um ein Beispiel der anthropologisch verständlichen Aufgabe der Gestaltung einer menschlichen Kultur, für welche die Ethik des Herrschens und Dienens ein anderes Beispiel war.

Das Kunstwerk menschlicher Kultur, also Tradition und Freiheit, wird möglich durch den Zerfall der tierischen spontanen Einheit allen Handelns in die Trias von Affekt, Erkenntnis und Wille. Der Zerfall ermöglicht und fordert, daß die Bruchstücke zu einer neuen gewollten, unsäglich viel reicheren Struktur als der des tierischen Lebens fließend zusammengefügt werden. Trieberfüllung als eigenständigen Wert anzusehen wäre also ein Mißverständnis der menschlichen Natur. Beim stabilisierten Tier ist Trieberfüllung allerdings ein Indikator des Zuträglichen – soweit die »Vernunft der Affekte« reicht. Verstehen wir Glück als Trieberfüllung, so ist Glück günstigenfalls ein Indikator, beim Menschen ein vielen Fehlern unterworfener. Eher noch ist Leiden ein zuverlässiger Indikator des Unzuträglichen, der notwendigen Anstrengung.* Denn, darwinistisch geredet, den Verlust der

---

* In Freuds Ausdrucksweise geredet: Beim Tier *ist* das Lustprinzip die subjektive Erscheinungsweise des unbewußten, objektiven Realitätsprinzips. Beim Menschen wird das Realitätsprinzip bewußt und schafft die Welt der Kultur, die durch das Lustprinzip nicht erzeugt und nicht aufrechterhalten werden kann. Askese hat die kulturelle Funktion, das Lustprinzip zu zügeln, die Indikatorfunktion des Leidens wachzuhalten.

Warnfunktion des Schmerzes wird eine Kulturgesellschaft schwerer überleben als eine Akkumulation von nicht mehr biologisch sinnvollen Glückserlebnissen. Häufig gewinnen die vielen vom ursprünglichen biologischen Sinn entkoppelten Affekte und Verhaltensweisen einen neuen, kulturellen Sinn in dem reichen Gewebe von Ritualisierungen, das wir eben Kultur nennen. Dazu müssen wir über diese Verhaltensweisen frei verfügen, mit einer Sicherheit, die man nicht ohne lange Einübung – Askese – gewinnt. Eine solche Ritualisierung ist die Kunst. Nicht zufällig ist neben dem Sportler* der Musiker das unserem Bewußtsein vertrauteste Beispiel für die Notwendigkeit des Übens.

Die allgemeine Verbreitung religiös asketischer Lebensformen durch alle Hochkulturen spricht dafür, daß diese Gesellschaften von Herrschenden und Dienenden nicht bestehen konnten, wenn nicht in ihrer Mitte zugleich die Entsagenden lebten, die auf die Güter der Herrschaft verzichteten und einem anderen als dem weltlichen Herrn dienten. Religion ist durch die Jahrtausende kulturtragend gewesen, weil sie zugleich die verkörperte Kulturkritik enthielt. Hier hatte die Askese einen symbolischen Sinn. Sie drückte die Verwerfung des der herrschenden Kultur innewohnenden Prinzips der Begehrlichkeit in sinnenfälliger Schärfe aus. Es mag übrigens soziologisch interessant sein, daß die religiöse Askese als Kulturfaktor ein Werk von Aristokraten ist. Dies zeigt ein Blick auf die Entstehung der kontemplativen Askese in Indien. Der Waldeinsiedler ist die vierte und letzte Lebensphase des Lebenslaufs in der höchsten Kaste, der brahmanischen; Buddha war Adelssohn; noch die meisten der großen indischen Heiligen unserer Zeit sind brahmanischer Herkunft. Die kontemplative Askese erscheint hier wie die Radikalisierung eines Adelsideals.

* Der Vergleich sportlicher Übung mit moralischer Askese ist schon biblisch. Vgl. den ersten Brief des Paulus an die Korinther, 9, 24–27.

Der Sinn der Askese gerade für die meditative Lebensweise ist aber nicht nur symbolisch; die Askese hat hier wie stets zugleich eine fast technische Funktion. Die Bedürfnisverzichte, symbolisiert in den Mönchsgelübden der Armut, der Keuschheit, des Gehorsams, sind Mittel der Bewußtwerdung, der Distanzierung von sich selbst und damit der Entdeckung seiner selbst. Die tiefe Verwandlung der menschlichen Natur, die dadurch möglich wird, strahlt dann prägend in die Kultur zurück. Sie gibt der Selbstbeherrschung des Adels, der Bescheidenheit des Volkes einen Hintergrund, eine neue Interpretation. Diese Selbstzucht dient also – so konnte man wissen – nicht nur der Erhaltung der bestehenden Gesellschaft, sondern der Verwandlung des Menschen; dem, was die Religion sein Heil nennt.

Das Problem einer Ethik der technischen Welt

Die ökonomische Entwicklung der Neuzeit, zugleich Motor und Folge des technischen Fortschritts, bietet zum erstenmal der ganzen Gesellschaft Zugang zu Gütern, die früher wegen ihrer Knappheit einer Oberschicht vorbehalten blieben. Freilich ist dieser Prozeß nicht vollendet, und gerade die Anwälte einer asketischen Alternative fragen, ob er überhaupt vollendbar wäre. Es ist wichtig, daß wir uns den Grund der Schwierigkeit seiner Vollendung klarmachen. Er liegt, so möchte ich behaupten, nicht darin, daß die Güter an sich knapp wären. Die vom ersten Bericht an den Klub von Rom in die Welt gebrachte Furcht vor der absoluten Knappheit der Rohstoffe sucht, wenn ich richtig sehe, die Gefahr dort, wo sie nicht ist.* Anorganische Rohstoffe sind an sich nicht knapp.

* Vgl. den vorausgehenden Vortrag über Kernenergie, S. 53 f.

Organische Stoffe, zumal Nahrung, werden, wie Malthus gesehen hat, knapp, wenn das Bevölkerungswachstum der Wirtschaftsentwicklung davonläuft. Aber die Landwirtschaft der Welt könnte bei geeigneter Modernisierung die heutige und auch die doppelte Weltbevölkerung ernähren. Organisatorisch gesehen, stellen sich unsere Probleme als unsere Unfähigkeit dar, unser eigenes ökonomisches System dem Ziele hinreichender Produktion und zumal gerechter Verteilung zuzulenken. Die von Marx prophezeite Verelendung der Massen ist zwar im Zentrum des kapitalistischen Systems im ganzen gesehen vermieden worden – wenngleich das Wohlbefinden nicht dem Sozialprodukt gemäß zugenommen hat –, aber sie ist vorerst in das »äußere Proletariat« der Peripherie, der Dritten Welt verlagert worden. Gehen wir die im Anfang dieses Aufsatzes aufgezählten Gefährdungen unserer Welt durch, so entstammen sie überwiegend nicht einer absoluten Knappheit der Ressourcen, sondern der Unfähigkeit der Menschheit, ihre eigenen Probleme zu sehen, in die Hand zu nehmen und zu lösen.

Nun kann man nicht erwarten, daß Menschheitsprobleme von einer hinreichenden Zahl von Menschen erkannt, geschweige denn mit Erfolgsaussicht praktisch angefaßt werden, wenn ihnen nicht ein Ethos gemeinsam und eine Verhaltensweise eingeübt ist, welche es gestatten, das Notwendige nicht psychisch zu verdrängen, sondern anzusehen und zu wollen. Es handelt sich um ein Ethos für die technische Welt. Technik bedeutet, Mittel für Zwecke zu schaffen und zu gebrauchen. Technik als Selbstzweck kann in einer Entwicklungsphase förderlich sein, so wie zur Entstehung der menschlichen Kultur ohne Zweifel der Spieltrieb einen wesentlichen Beitrag geleistet hat. Der Mensch ist in gewissem Sinne das spielende Tier: homo ludens. Aber der Mensch kann nicht bestehen, wenn er den Unterschied von Spiel und Ernst nicht begreift:

das nennt man Erwachsensein. Alles zu machen, was technisch möglich ist, ist ein letztlich untechnisches Verhalten, eine Kinderei. Erwachsener Gebrauch der Technik verlangt die Fähigkeit, auf technisch Mögliches zu verzichten, wenn es dem Zweck nicht dient. Es verlangt Selbstbeherrschung. Technik ist als Kulturfaktor nicht möglich ohne die Fähigkeit zur technischen Askese.

Schauen wir mit dem so geschulten Blick auf die alten Kulturen zurück, so meldet sich der Verdacht, daß schon die »neolithische Revolution«, die Entstehung des Ackerbaus, eine tiefe Umweltkrise bedeutet hat. Man kann sich ausmalen, wie die klugen Konservativen der Jäger- und Sammlerkultur auf die Zerstörung des natürlichen Lebensraums der Tiere und Menschen reagiert haben mögen, die in der Verwandlung von Wald in Ackerland geschah. Was spätere Kulturkritiker als die tiefe Naturverbundenheit der bäuerlichen Lebensform preisen, war historisch vermutlich die nach jahrhundertelangen bitteren Erfahrungen eingeübte Verhaltensweise zur Pflege einer Landschaft, die selbst ein Produkt des Menschen, und der älteren Natur abgetrotzt war. Zu dieser Disziplin gehören die einander zugeordneten Tugenden der Bescheidenheit und der Selbstbeherrschung. Vermutlich erst der Stadtkultur entstammt die dritte, radikal kulturkritische Tugend religiöser Askese. Unsere Frage heißt: Wie übertragen wir, nicht die zeitgebundenen Erscheinungsformen, sondern die lebenserhaltende Substanz dieser Tugenden in die durch die neue, die industrielle Revolution erzeugte technische Welt?

Diese Frage nötigt uns, den Übergang von der Ethik des Herrschens und Dienens zur Ethik der Freiheit und Gleichheit thematisch ins Auge zu fassen.

Die Ethik der Freiheit und Gleichheit

Der Übergang vom Herrschen und Dienen zur Freiheit und Gleichheit als ethischen Prinzipien hat sein ökonomisches Korrelat im Übergang von der privilegierten Verfügung über knappe Güter zu einem allgemeinen Wohlstand. Der ökonomische Übergang erklärt zwar nicht die ethische Substanz der einander ablösenden ethischen Prinzipien, aber er erklärt vermutlich die Gründe der Möglichkeit der gesellschaftlichen Durchsetzung des egalitären Prinzips. Freiheit als allgemeines Prinzip bedeutet Gleichheit der Menschen in der Gesellschaft in dem wohl wichtigsten politischen Gut, eben der Freiheit. Reale Gleichheit aber setzt jedenfalls einen angemessenen Grad ökonomischer Gleichheit voraus. Diese gibt es entweder in einer primitiven oder bewußt asketischen Gesellschaft, in der niemand reich ist, oder in einer Wohlstandsgesellschaft, in der – nach überlieferten Maßstäben gemessen – alle reich sind. Eben die ökonomischen Bedingungen der Wohlstandsgesellschaft aber enthalten zugleich die Gefahr, den Sinn des Ethos der Freiheit und Gleichheit zu verfehlen und dadurch am Ende sogar den Wohlstand wieder zu verlieren. Was ist der ethische Sinn von Freiheit und Gleichheit?

Es sei mir erlaubt, in einem kleinen Exkurs die wohl philosophisch reifste Fassung dieses ethischen Prinzips zu skizzieren, wie sie in Kants praktischer Philosophie gegeben ist. Nach Kant gibt es für ein vernünftiges Wesen nur einen einzigen kategorischen, d. h. unbedingt gebietenden Imperativ, das »Grundgesetz der reinen praktischen Vernunft«: »Handle so, daß die Maxime deines Willens jederzeit zugleich als Prinzip einer allgemeinen Gesetzgebung gelten könne.«* Vernunft ist für Kant nämlich das Vermögen des allgemeinen Denkens, ein vernünftiges Gebot, also ein allgemeines Gebot.

* *Kritik der praktischen Vernunft,* § 7; S. 54.

Der kategorische Imperativ fordert somit vom Menschen als einem vernünftigen Wesen nichts anderes, als daß er seine Vernunft gebraucht und nach Maximen handelt, die fähig sind, allgemeine, also vernünftige Gesetzesprinzipien zu sein. Hierin nun sind Freiheit und Gleichheit als Wesenselemente der Vernunft bereits mitgedacht. Die Freiheit des menschlichen Willens kann empirisch nicht nachgewiesen werden. Habe ich eine Handlung vollzogen, so kann ich nicht empirisch wissen, ob ich fähig gewesen wäre, auch anders zu handeln; die Motive unseres Handelns bleiben uns faktisch nur zu oft verborgen. Aber indem ich einen Imperativ überhaupt als unbedingte Forderung anerkenne, erkenne ich an, daß ich ihm gehorchen könnte; ich erkenne meine Freiheit als moralisches Postulat an, ich erkenne mich als verantwortlich. Der Imperativ, den meine Vernunft hiermit anerkennt, ist nicht ein Gebot eines Herrschers (Heteronomie), sondern er definiert vielmehr eben, was es heißt, vernünftig zu handeln; er ist ein Gebot der Vernunft selbst (Autonomie), ohne das sie nicht vernünftig wäre. Das Gebot ist allgemein im doppelten Sinne. Es gilt erstens für alle Fälle. Und es gilt zweitens für alle vernünftigen Wesen, also für alle Menschen. Alle Menschen, indem sie sich genötigt sehen, das Gebot anzuerkennen, sind gleich. Was in ihnen gleich ist, ist eben ihre vernünftige Freiheit.

Es ist selbstverständlich, daß Kant sich nicht einbildet, die Menschen handelten faktisch vernünftig. Die Vernunft brauchte nicht als Gebot formuliert zu werden, wenn wir ihr faktisch ohnehin folgten. Behauptet ist nur, daß keiner von uns, wenn er mit sich selbst ehrlich umgeht, der Forderung der Vernunft die Gültigkeit auch für sein eigenes Handeln bestreiten könnte. Wenn ich dem Gebot nicht gefolgt bin, so weiß ich mich schuldig, einerlei welche psychologischen Erklärungsgründe für mein Handeln ich anzuführen vermag. Es sei hier vermerkt, daß auch die paulinisch-lutherische Rechtfertigungslehre und die Freudsche Praxis der Neurosenheilung auf dieser Grunderfahrung beruht: ich kann nur »gerechtfertigt« oder »geheilt« werden, wenn ich einsehe, daß ich meine Handlung, auch die dem von mir anerkannten vernünftigen Gebot widersprechende Handlung, selbst gewollt habe. Ich mache diese Anmerkung, um dem naheliegenden Einwand zu begegnen, diese Überlegungen Kants seien für uns nicht verbindlich, sei es wenn wir uns als Christen verstehen, oder wenn wir nach-kantischer Psychologie folgen. Kant beschreibt in der Sprache der Aufklärung ein Phänomen, das, in der kulturell bedingten Sprache jeder Zeit immer wieder anders formuliert, immer wieder erfahren wird.

Was aber haben die so beschriebenen moralischen Begriffe von Freiheit und Gleichheit mit den gleichnamigen politischen Begriffen zu tun? Hier ist die Schwierigkeit, daß sich aus dem formalen allgemeinen Prinzip des kategorischen Imperativs keine materialen speziellen Vorschriften (oder »Werte«) herleiten lassen, ohne konkrete Voraussetzungen über die menschliche Gesellschaft zu machen, die, wie wir wissen, geschichtlichem Wandel unterliegen. Kants eigene Beispiele erweisen sich dem heutigen Leser als zeitbedingt. Formal läßt sich auch eine Ethik des Herrschens und Dienens mit dem kategorischen Imperativ leicht vereinbaren. Man muß dazu nur das Prinzip einer allgemeinen Gesetzgebung so formulieren: Jeder fülle den Platz in der Gesellschaft aus, in den er hineingeboren ist; etwa gemäß den Prinzipien von Bescheidenheit und Selbstbeherrschung. Es ist leicht zu erkennen, daß Gesellschaften nach diesem Prinzip stabilisiert werden können, und vernünftiges Dienen ist dem Menschen genau dann möglich, wenn ihm vernünftiges Herrschen den Raum dafür schafft. Gleichwohl ist Kants eigene Position eindeutig bei der politischen Ethik der Freiheit und Gleichheit. Sein Weg dazu geht über die Philosophie des Rechts und die Philosophie der Geschichte.

Kant unterscheidet Legalität und Moralität: »Man nennt die bloße Übereinstimmung oder Nichtübereinstimmung einer Handlung mit dem Gesetze, ohne Rücksicht auf die Triebfeder derselben, die *Legalität* (Gesetzmäßigkeit); diejenige aber, in welcher die Idee der Pflicht aus dem Gesetze zugleich die Triebfeder der Handlung ist, die *Moralität* (Sittlichkeit) derselben.«* Die politische Ordnung der Gesellschaft muß äußerlich kontrollierbar sein und kann daher nur auf der Legalität beruhen, also auf dem Recht. »Das Recht ist . . . der Inbegriff der Bedingungen, unter denen die Willkür des einen mit der Willkür des anderen nach einem allgemeinen Gesetze der Freiheit zusammen vereinigt werden kann.«** Man sieht hier die politische Verwirklichung der Freiheit gemäß dem kategorischen Imperativ: Gleichheit der Freiheit der vernünftigen Wesen ist geboten und wird durch gegenseitige Einschränkung der Willkür ermöglicht. Die Verwirklichung dieses Postulats ist das Thema der menschlichen Geschichte: »Das größte Problem für die Menschengattung, zu dessen Auflösung die Natur ihn zwingt, ist die Erreichung einer allgemein das Recht verwaltenden bürgerlichen Gesellschaft.«*** »Dieses Problem ist zugleich das schwerste, und das, welches von der Menschengattung am spätesten aufgelöst wird.«+ »Das Problem der Errichtung einer vollkommenen bürgerlichen Verfassung ist von dem Problem eines gesetzmäßigen äußeren Staatenverhältnisses abhängig, und kann ohne das letztere nicht aufgelöset werden.«++ Der letzte Satz weist auf

* *Die Metaphysik der Sitten,* Erster Teil, metaphysische Anfangsgründe der Rechtslehre, S. 15.
** ebenda, S. 33.
***Idee zu einer allgemeinen Geschichte in weltbürgerlicher Absicht, S. 394.
+ ebenda, S. 396.
++ ebenda, S. 398.

das Thema von Kants Schrift *Zum ewigen Frieden* voraus: Die Schaffung einer stabilen Rechtsordnung ist notwendigerweise ein Weltproblem.

Was lernen wir für uns selbst aus diesem vor zweihundert Jahren aufgezeichneten philosophischen Entwurf? Politische Freiheit ist nicht die Freiheit, die ich mir nehme (sie nennt Kant »Willkür«), sondern die Freiheit, die ich dem Mitbürger als Spielraum seiner Vernunft garantiere. So hängen die »Grundwerte« der Freiheit, Gerechtigkeit und Solidarität sachlich zusammen. Sie halten den Spielraum der Vernunft für eine »wahrheitsorientierte« Kultur frei. Diese Vernünftigkeit hat eine doppelte Funktion; sie gehört sowohl zur Selbsterhaltung wie zur Sinnerfüllung. Vernunft als Instrument der Selbsterhaltung ist der Leitbegriff für Wege in der Gefahr. Für Kant steht die Sinnerfüllung im Vordergrund. Dies ist eine, m.E. vorletzte, aber unüberspringbare Antwort auf das Sinnproblem der modernen Kultur, auf ihre immanente Skepsis gegenüber dem eigenen Sinn, auf ihren verborgenen oder offenen Nihilismus.

Die streitenden Brüder der modernen Zivilisation, die Technokraten und ihre »linken« Kritiker, erkennen einen Wert an, den sie, bei verschiedener inhaltlicher Erfüllung, doch mit demselben Namen belegen, dem Namen »Rationalität«. Irrationalität wirft man sich gegenseitig vor. Was aber ist rational?

Als rational leicht zu erkennen ist das Zweckrationale, die Angemessenheit eines Mittels an einen Zweck. Man kann dies die Interpretation der Rationalität als Verständigkeit nennen. Aber sind die Zwecke selbst rational? Gibt es auch eine Vernünftigkeit der Zwecke? Vielleicht erweist sich einem tieferen Blick ein Zweck noch einmal als Mittel zu einem höheren Zweck. Aber gibt es eine Vernünftigkeit der letzten Zwecke? Hier wagt die liberale Doktrin unserer Staaten kein Urteil mehr. Man redet von der pluralistischen Gesellschaft, von der Anerkennung einer Vielheit subjektiver Werte. Aber ist nicht eben diese Anerkennung des Pluralismus eine schlichte nihilistische Resignation gegenüber der Wahrheitsfrage? Offensichtlich liegt eine technische Pointe darin, äußere Spielregeln anzuerkennen, die das Funktionieren des Apparats garantieren, und den Rest frei zu lassen. Aber in diesem Freiheitsraum entwickelt sich eine Skepsis an jenen Werten, die er garantieren sollte, eine Beliebigkeit, eben ein Nihilismus. Kann ein Wert mich noch fordern und mir so Sinn gewähren, den vom Mitmenschen zu fordern mir die Liberalität verbietet?

Hier deutet der Zusammenhang von Freiheit und Vernunft eine Antwort an. Toleranz, als die politische Gewährung der Freiheit an die Andern, ist nicht der Verzicht auf die Wahrheitsfrage, sondern die Schaffung des Raums für die Wahrheitsfrage. Die pluralistisch zugelassenen Werte sind nicht gleichgültig, sie sind nicht alle gleich gut. Man mag sie locker in die essentiell individuellen und die essentiell gesellschaftlichen einteilen. Essentiell individuell, nicht zur Verallgemeinerung bestimmt, ist die Wahl des Menschen, gemäß seiner Begabung, seinem Interesse, seiner Leidenschaft zu leben. Einer kann Künstler, Wissenschaftler, Skiläufer sein, gerade weil nicht alle es sind; jeder hat zurecht einen anderen Freundeskreis, einen anderen Ehepartner als die Andern. Die essentiell gesellschaftlichen Werte aber stehen unweigerlich zur Debatte. Hier ist Freiheit der Entscheidung für sie nur die Vorbedingung des Ernstnehmens der Wahrheitsfrage. Kants Entwurf der geschichtlichen Aufgabe des Menschengeschlechts erinnert uns daran, wie viel allein in der Forderung, vernünftige Zustände zu schaffen, bisher unerfüllt ist. Vernunft politisch zu ermöglichen, indem man ihre Forderungen realisiert, ist noch auf unabsehbare Zeit eine inhaltlich bestimmte Aufgabe, die der Politik definierte Ziele setzt. Zur Vernunft aber gehört Selbstbeherrschung, denn nur Selbstbeherrschung dokumentiert Freiheit.

Dies ist der grundsätzliche, abstrakte Entwurf eines Ethos der Freiheit und Gleichheit. Wie aber sind die Realisierungschancen? Im gegenwärtigen Aufsatz kehre ich zu dem speziellen Thema zurück: der Selbstbeherrschung im Raum der Freiheit und Gleichheit.

Bisherige Grenzen und Chancen einer demokratischen Askese

Die Schwierigkeit einer demokratischen Askese beruht auf einem moralischen Dilemma. Die Hauptschwierigkeit ist nicht die oben vermerkte mangelnde Resistenz der »Tugenden des kleinen Mannes« gegen die konsumtiven Lockungen des Wohlstands. Die Schwierigkeit liegt in dem Bruch mit gewissen normativen Prinzipien der aristokratischen Selbstbeherrschung, der für das Aufkommen der Marktwirtschaft konstitutiv war. Der Übergang zur Marktdoktrin war der Übergang zu einem Pathos der Freiheit und (Chancen-) Gleichheit, gegen die Bevormundung durch die Herrschenden. Dem Individuum wird der Verstand zugetraut, sein eigenes Interesse am besten zu verstehen, und die »unsichtbare Hand«, die den transparenten Markt zum Optimum auch der Gesamtwirtschaft führt, wurde eines der eindrucksvollsten Modelle für Hegels Gedanken einer »List der Vernunft«. Die objektive Vernunft, so die Doktrin, setzt sich durch, auch wenn kein Individuum sie denkt. Es war derselbe Schritt im Denken, der den Übergang von der Herrschaftsethik zur Freiheitsethik und den Übergang von einer asketischen Doktrin zur ethischen Hochbewertung der Schaffung konsumtiver Bedürfnisse vollzog.

Dieser doktrinale Schritt war vielleicht noch einschneidender als die ihn begleitende Änderung der realen Wirtschaftsstruktur. Denn faktisch war die Wirtschaft wohl von jeher durch Eigeninteresse und Marktpraxis gesteuert. Die asketischen Ideale biblischer Propheten und griechischer Philosophen erweisen sich, wenn man die alten Texte liest, bereits als eine intellektuelle Gegenbewegung gegen eine schon damals wachsende Reichtumspraxis der Wirtschaft – so wenn Platon in den *Gesetzen* die politische Stabilität der zu gründenden Stadt an ihre sittliche Integrität bindet, und diese an die Bedingung, daß die Stadt nicht am Meer liege, um nicht der Versuchung des Seehandels ausgesetzt zu sein. Die durch zwei Jahrtausende herrschende, eher asketische politische Doktrin – die der Stoiker, des christlichen Aristotelismus – drückte weniger die gesellschaftliche Realität als die begleitende ständige Kritik an dieser Realität aus. In dieser konservativen Tradition steht auch die heutige Doktrin der sozialistischen Staatswirtschaften, welche entgegen allen Erkenntnissen des historischen Materialismus nicht den Bewußtseinswandel als Folge der ökonomischen Entwicklung zuversichtlich erwarten, sondern ihr eigenes ökonomisches System nur vom Bewußtsein her durch unablässige massenpädagogische Bemühungen und polizeilichen Druck aufrechtzuerhalten vermögen. Auch dort ist die Realität marktwirtschaftlicher als die Doktrin, aber der Markt ist gezwungen, in weitem Umfang schwarzer Markt zu sein. Demgegenüber war das marktwirtschaftliche Prinzip ein Doktrinwandel, der Übergang zu einer Anerkennung der ökonomischen Realität, also zu einer Form der Wahrhaftigkeit. Er wurde bezahlt durch eine Diskreditierung der überlieferten asketischen Tugenden im Publikum.

Dem ökonomischen Liberalismus und dem planwirtschaftlichen Sozialismus gemeinsam ist das Bekenntnis zum Ethos der Freiheit und Gleichheit. Gemeinsam ist ihnen eine Ambivalenz der Resultate, die vermutlich in einem ihnen gemeinsamen anthropologisch irrealen Optimismus, in der Verkennung der sittlichen Notwendigkeit der Askese wurzelt. Beide sind zur demokratischen Askese bisher unfähig, das Marktsystem, weil es nicht asketisch, das Plansystem, weil es nicht demokratisch ist. Daß der Markt nicht asketisch ist, liegt auf der Hand. Daß der Plan nicht demokratisch sei, bestreiten seine Anhänger, aber faktisch erzwingen sie den Plan durch Stabilisierung der Herrschaft und demonstrieren damit – gegenüber dem Zynismus als dem moralischen Problem des Kapitalismus – die Lüge als das moralische Problem des Sozialismus.

Dabei zeigt ein Blick auf die Geschichte der modernen Gesellschaft, wie stark gerade die Träger des Fortschritts von den überlieferten asketischen Idealen geprägt geblieben waren. Das Bürgertum, das den Adel in der Herrschaft beerbte, hat viele der asketischen Ideale in leichter Modifikation übernommen. Das Beamtenethos des monarchischen, auch noch des bürgerlich-republikanischen Staats, das Ethos der Berufsrevolutionäre des revolutionären Sozialismus, der Kader kommunistischer Parteien trägt die evident zweckrationalen Züge der asketischen Selbsterhaltung einer Elite. Egalitäre Theorie ist, wo sie politischen Erfolg hat, fast stets mit elitärer Praxis verbunden. Besonders wichtig ist wohl Max Webers Beobachtung über den frühkapitalistischen Unternehmer, daß sein Leistungsethos stark durch die besondere, theologisch fundierte Askese der Puritaner geprägt war. Wenn dies zutrifft, so erweist sich in diesem Beispiel wie so oft in der christlichen Geschichte, daß, während die Selbstbeherrschung der Herrschenden die Welt stabilisiert, die Askese der Entsagenden die seelischen Kräfte freisetzt, welche, oft in eigentümlichen Verkleidungen, die Welt verändern.

Auch die Frage nach den prägenden Motiven der eingangs aufgezählten kritischen Gegenbewegungen gegen die techno-

100

kratisch-konsumtive Gesellschaft führt fast überall tief in die religiöse Tradition und ihre asketischen Erfahrungen zurück. Umweltschützer und Hippies sind freilich als komplexe Gruppen nicht auf eine einzelne Traditionslinie festzulegen. Der relativ statische Naturbegriff der Umweltschützer weist freilich eher auf den Schöpfungsglauben als auf die naturwissenschaftliche Evolutionslehre zurück. Der kalifornische Boden, auf dem die Hippie-Bewegung entstand, war innerhalb der westlichen Welt am stärksten mit asiatischen Meditationslehren gepflügt und gedüngt, zu denen es viele Träger der heutigen jungen intellektuellen Gegenkultur ständig zieht. Klar sind die Quellen bei den namentlich genannten Einzelnen. Schumacher war in der entscheidenden Phase seiner asketischen Meinungsbildung tief vom Buddhismus beeinflußt, Illich nahm als katholischer Priester sein Christentum ernst, Gandhi war ein vom Evangelium tief beeindruckter frommer Hindu, Nyerere ist ein der überlieferten afrikanischen Kultur treuer katholischer Christ, Mao wurzelt jedenfalls bewußt in der dreitausendjährigen ethisch-ästhetischen Tradition Chinas.

Aber gerade das, was ihre tiefsten Motive waren, konnten diese elitär geprägten Menschen bisher am wenigsten in demokratischer Politik durchsetzen. Nach ihren revolutionären Erfahrungen hätten wir vor allem die drei erfolgreichen politischen Führer zu befragen: Gandhi, Mao und Nyerere. Alle drei haben einen nationalen Befreiungskampf gewonnen, der zugleich, mehr oder weniger, eine soziale Revolution, jedenfalls die Abschüttelung einer Herrenschicht war. Hier war die demokratische Komponente der Bewegung gleichsam ein Geschenk des Schicksals. Nichts einigt eine Nation so sehr wie ein nationaler Befreiungskampf oder eine erfolgreiche soziale Revolution. Der Pegel dieses Erlebens sinkt wieder, wenn das Ziel erreicht ist. Die Errichtung einer demokratisch-asketischen Kultur aber müßte ein Einschleifen fester Gewohnheiten und Überzeugungen für viele Generationen sein. Alle drei versuchten, das Pathos des Anfangs in die langfristige Verwirklichung ihrer tief eindrucksvollen asketischen Überzeugungen einfließen zu lassen. Gandhi ist damit gescheitert, und er wußte das, ehe er starb; das heutige Indien ist arm, aber, außer in einer Minderheit, nicht asketisch. Mao wußte am Ende seiner dreißigjährigen Regierungszeit, daß nicht eine, sondern dreißig Kulturrevolutionen in dreihundert Jahren nottäten; die uns Europäern und gewiß der Mehrheit der Chinesen so einleuchtende Entwicklung seit seinem Tode besagt doch wohl, daß er damit für diese Generation gescheitert ist, und vermutlich schon vor seinem Tode gescheitert war. Nyerere lebt und kämpft; kann sein Schifflein die Wogen des kapitalistisch-kommunistischen Machtkampfs um Afrika ausreiten? Die demokratischen Solidaritätserlebnisse der Umweltschützer und der intellektuellen Gegenkultur schließlich sind die typischen Erlebnisse von Minderheiten, die Minderheiten bleiben.

Man kann nicht aus fünf oder sieben Beispielen ableiten, daß eine vielleicht erst beginnende historische Bewegung schon gescheitert sei. Aber man kann an ihnen ablesen, wo die Schwierigkeit liegt. Sie liegt darin, eine Haltung das Volk durchdringen zu lassen, die bisher stets mit elitärem Bewußtsein wesentlich verknüpft war. Der religiöse Asket wußte, daß er am Rande der menschlichen Möglichkeiten kämpfte; er zog aus der außerordentlichen Anstrengung die Hoffnung auf außerordentliches Heil. Der Adlige war seine Selbstbeherrschung seinem Stande schuldig; Ehrverlust war der schrecklichste Verlust. Demokratischer Askese am nächsten kam das neuzeitliche Bürgertum, zumal die Calvinisten; doch gerade diese wußten sich meist als das ringsum bedrohte Volk Gottes.

Was haben wir aus diesen Beobachtungen für unser Han-

deln zu folgern? Vermutlich zweierlei. Einerseits: Die Entwicklung neuer Formen der Selbstbeherrschung wird für die
Zukunft unerläßlich sein. Andererseits: Wir dürfen nicht auf
die Durchsetzung demokratischer Askese warten, um die materiellen Probleme der technischen Zivilisation zu lösen.

Es handelt sich genau um jene Bewußtseinsbildung, die
vorhin als der rechtfertigende Sinn des Ethos der Freiheit und
Gleichheit bezeichnet wurde. Es handelt sich um eine wahrheitsorientierte Kultur. Die Menschheit als Ganze ist heute
unserem Bewußtsein in einem Grade präsent wie nie zuvor;
dies ist ein Geschenk der technischen Zivilisation. In diesem
Schmelztiegel bereitet sich eine noch nicht beschreibbare
neue Kultur vor. Ihre langfristige Wirkung wird vielleicht dort
am tiefsten sein, wo sie am wenigsten der Illusion planvoller
Weltveränderung anheimfällt. Es ist eine der asketischen
Grunderfahrungen, daß gerade die Arbeit des Individuums an
sich selbst, unbewußt ausstrahlend, die Gesellschaft verändert. Diese Arbeit aber leisten heute wohl nur diejenigen Individuen, die getroffen sind vom Blitzstrahl des Bewußtseins
ihrer Mitverantwortung für die reale Welt – also gerade nicht
die Weltflüchtigen. Präzision des Bewußtseins, Deutlichkeit
des Denkens, ist eine der wichtigen Wirkungen der intellektuellen Selbstbeherrschung; sie ist einer der moralischen Werte.

Heute sind es eigentümlicherweise gerade die einander in
Feindschaft gegenüberstehenden elitären Minoritäten innerhalb unserer Gesellschaft, die dieser Forderung am nächsten
kommen: eben einerseits die Technokraten, andererseits die
kritische Gegenkultur der Jugend. Die einen üben die Askese
des Leistungsethos, die anderen sind motiviert von einer Suche nach einem neuen Leben, das in der Verweigerung der
Überlieferung anknüpft an die Überlieferung der Verweigerung, die selbst eine asketische Überlieferung ist. Die Grenze
der Vernünftigkeit der Technokratie liegt darin, daß die Ra-

tionalität der Zwecke der Rationalität der ihnen dienenden Mittel nicht gleichkommt. Die Grenze der Vernünftigkeit des Protests liegt darin, daß Protest eben an das gebunden bleibt, wogegen er protestiert.

Der Arbeitsmarkt, ein Modellfall

Dieser Aufsatz ist nicht geschrieben, um Lösungsmodelle für unsere wirtschaftspolitischen Probleme vorzuschlagen, sondern um eine Haltung zur Beurteilung solcher Lösungsmodelle zu erwägen. Eines dieser Probleme hat den Anstoß zu seiner Abfassung gegeben: das Problem der Kernenergie. Ein anderes Problem, das der Arbeitslosigkeit, sei hier nur in wenigen Strichen in derjenigen Sichtweise skizziert, die mit diesem Aufsatz angestrebt wird; nicht als Lösungsvorschlag in einem wiederum höchst komplizierten Fragenkreis, sondern zur Illustration einer Art, an diese Fragen heranzugehen.

Das Bemühen geht hier zunächst auch um Deutlichkeit der Fragestellung. Ich werde auch hier den Verdacht nicht los, daß wir die Gefahr dort suchen, wo sie nicht ist; daß wir die größere Gefahr durch die Art und Weise selbst erzeugen, in der wir uns vor der kleineren Gefahr fürchten. Ich knüpfe dabei zunächst noch einmal an das Problem der Kernenergie an.

In der gegenwärtigen öffentlichen Diskussion ist das Hauptargument für die Kernenergie die Notwendigkeit weiteren Wirtschaftswachstums, und das Hauptargument für das Wirtschaftswachstum die Notwendigkeit, die Arbeitslosigkeit zu überwinden. Diese scheinbar plausible Argumentationskette scheint mir in jedem ihrer Glieder falsch. Sie verknüpft mehrere vermutlich richtige Vorschläge durch lauter logisch unzutreffende Schlüsse und macht die vertretene Position dadurch vielleicht kurzfristig politisch wirksam, aber in den Augen intelligenter Kritiker schwächer, als sie objektiv ist.

Die Arbeitslosigkeit ist erstens ein Problem der Gegenwart und der nahen Zukunft; über mehr als zehn Jahre sehen wir in dieser Frage nicht voraus. Der Beitrag der Kernenergie zum weiteren Wirtschaftswachstum wird hingegen in den kommenden fünfzig Jahren wichtig werden. In den kommenden zehn Jahren ist er belanglos. Vorerst ist genug Öl da, und wenn in den Achtzigerjahren die vielfach vorhergesagte Ölkrise kommt, wird das teurer und vielleicht absolut knapper werdende Öl nicht in den wenigen Jahren, in denen die Krise eintreten würde, plötzlich durch Kernenergie substituiert werden. Man vergleicht hier Unvergleichbares: eine sehr langfristige Entwicklung mit Krisenphänomenen, die rasch eintreten können. Was zur Arbeitslosigkeit in unserem Lande beitragen würde, wäre allenfalls der Verlust der Arbeitsplätze der Reaktorindustrie; also nicht der Ausfall der von Reaktoren gelieferten Energie, sondern der Ausfall der Produktion von Reaktoren.

Zweitens sieht es heute so aus, als würde die Wirtschaft so oder so nicht die Wachstumsraten wieder erreichen, die zum Abbau der Arbeitslosigkeit durch Wiederherstellung der alten Nachfrage nach Arbeitsleistung erforderlich wären. Über die Ursachen dieser Wachstumsverlangsamung alsbald ein Wort. Jedenfalls aber ist es heute vermutlich reine politische Rhetorik, von der Überwindung der Arbeitslosigkeit durch Wirtschaftswachstum zu reden.

Drittens ist zwar die Arbeitslosigkeit ein Übel, aber vielleicht ist dieses Übel nur die Folge unserer Unfähigkeit, mit einer höchst wünschenswerten Entwicklung umzugehen. Ihre auslösende Ursache ist die Steigerung der Arbeitsproduktivität durch technischen Fortschritt. Um dieser Produktivitätssteigerung willen ist die gesamte industrielle Entwicklung seit Jahrhunderten vorangetrieben worden. Ihre Wirkungen sind in all dieser Zeit auf zwei erwünschte Vorgänge verteilt worden: die Produktion neuer und zahlreicherer Güter einerseits, die Senkung der Arbeitsdauer andererseits. Nimmt, wie gegenwärtig, die Güterproduktion langsamer zu als die Produktivität der Arbeitsstunde, so muß die Nachfrage nach Arbeitskraft abnehmen. Nimmt man dies als Faktum hin, so entsteht das Verteilungsproblem der Arbeit. Dieses Problem könnte ohne Abnahme der gesellschaftlich zur Verteilung kommenden Güter durch eine Reduktion der durchschnittlichen Arbeitszeit gelöst werden. Faktisch wird für die heute im Arbeitsverhältnis Stehenden die Arbeitszeit nicht nennenswert gesenkt, und die geringere Arbeitsnachfrage führt zu Arbeitslosigkeit und Kurzarbeit.

Mit dieser zunächst rein beschreibenden Feststellung plädiere ich noch nicht für die Arbeitszeitverkürzung als Lösung des Arbeitslosigkeitsproblems. Gäbe es eine demokratisch legitimierte Instanz, die über die relevanten Faktoren – also über die Wachstumsraten der Produktivität und des Sozialprodukts und über die Verteilung der Arbeitszeit – frei verfügen könnte, so stände diese vor einer vielfältigen Wahl möglicher Wege. Das normative Problem läßt sich zunächst in dem abstrakten Modell erörtern, welchen Weg wir einer solchen fiktiven Instanz empfehlen würden; nachher können wir fragen, wie zu handeln ist, wenn der Weg, den wir für optimal halten, ungangbar sein sollte.

Die fiktive Instanz könnte, um die Arbeitsplätze mit Sicherheit zu erhalten, das Produktivitätswachstum, also die Rationalisierung zum Stillstand bringen. Würden wir das wünschen? Das einzige sinnvolle Motiv dafür könnte in der Meinung liegen, der Zwang zur Arbeit sei für den Menschen lebensnotwendig; die Alternative sei nur der moralische Verfall in der Faulheit. Dieser skeptischen Ansicht steht die optimistische Ansicht gegenüber, die Minderung der zur Selbsterhaltung notwendigen Arbeit könne für freiwillige, kulturell produktive Arbeit genützt werden; die Freiheit von erzwungener Arbeit ermögliche die freie Eigenarbeit. In der bisherigen Geschichte dürften die großen kulturellen Schritte vorwiegend von Eliten getan worden sein, die vom Zwang selbsterhaltender Arbeit freigestellt waren. Diese Eliten freilich bedurften der Selbstbeherrschung zur moralischen Selbsterhaltung. Die soeben zitierte optimistische Ansicht traut dies auch den Massen der Zukunft zu. Sie rechnet also – ohne sich das vielleicht immer klarzumachen – mit der Möglichkeit einer demokratischen Askese. Die skeptische Ansicht hingegen wird vorwiegend von solchen Angehörigen der bisherigen Eliten vertreten, welche den Massen nur die erzwungene Bescheidenheit, aber nicht die Selbstbeherrschung zutrauen; ihre Skepsis ist Skepsis gegenüber der demokratischen Askese. Dies also ist die schwierige historisch-anthropologische Grundfrage. Eigentümlicherweise vertreten heute – ohne sich das wohl klarzumachen – die gewerkschaftlichen Gegner der Wegrationalisierung von Arbeitsplätzen, in der konservativen Rolle, die heute die Arbeiterorganisationen der Hochindustrienationen ohnehin spielen, faktisch die Position des alten elitären Weltbildes, die Unternehmer hingegen, die rationalisieren, also Welt verändern, vertreten ebenso faktisch den Optimismus der Progressiven.

Ich versuche nicht, diese normative Frage normativ zu entscheiden, wenn ich auch persönlich langfristig zur progressiv-optimistischen Auffassung neige. Ich hebe vielmehr für den nächsten Schritt des Arguments die Fiktion der freien Entscheidbarkeit *dieser* Frage wieder auf. Faktisch ist in unserer Wirtschaft entschieden, daß weiter rationalisiert wird; wir werden nachher fragen, warum das so ist. Nun können wir unserer fiktiven Instanz die zweite normative Frage stellen, ob sie die Veränderung vorwiegend für Wachstum des Sozialprodukts oder vorwiegend für Arbeitszeitverkürzung verwenden will. Es liegt auf der Hand, daß das Wirtschaftswachstum die kurzfristig konservativere Lösung ist; es verlangt die geringste unmittelbare Änderung unserer Sozialstruktur. Jedes Prozent Wachstum mehr vermindert drastisch die aktuellen Schwierigkeiten aller drei Beteiligten, der Regierungen, der Unternehmer und der Gewerkschaften. Dies ist eine Feststellung nicht einer fetischistischen Wachstumsideologie, sondern kurzfristiger politischer Taktik. In keinem anderen der größeren Industrieländer drückt sie zugleich so sehr eine kurz- und mittelfristige Nötigung der nationalen Wirtschaftspolitik aus wie bei uns und in Japan. Wir haben uns durch unser Wachstum seit dreißig Jahren extrem exportabhängig gemacht. Heute bräche daher kurzfristig die Basis unseres Wohlstands zusammen, wenn wir unsere Exportposition nicht durch Fortführung derselben Wirtschaftspolitik, also durch Rationalisierung und Wachstum, wenigstens teilweise aufrechterhielten. Mehr noch als die Weltwirtschaft im Durchschnitt ist unsere nationale Wirtschaft das Fahrrad, das fällt, wenn es nicht weiterfährt.

Es liegt aber ebenso auf der Hand, daß die Wachstumspolitik langfristig keine konservative, sondern eine radikal weltverändernde Politik ist. Hier kann der Streit nur darum gehen, ob diese Weltveränderung langfristig wünschenswert oder bedrohlich ist. Wir kehren damit zur Ausgangsfrage des Aufsatzes zurück. Wäre es notwendig, dem Konsumwachstum durch Askese zu begegnen? Ich gliedere nun die Kritiken am Wirtschaftswachstum in zwei Ebenen der Fragestellung auf. Wirtschaftswachstum kann entweder für direkt physisch gefährlich oder für primär moralisch gefährlich gehalten werden. Entweder, so meint man, zerstört es direkt unsere Lebensbasis, oder es zerstört die lebenserhaltende Tugend der Selbstbeherrschung.

Auf die Behauptung der physischen Gefahr kann ich nur

noch einmal mit der Forderung nach unterscheidender Deutlichkeit antworten. Ich erinnere an die Beispiele. Die anorganischen Rohstoffe können wir kaum aufbrauchen; das organische System ist ernstlich verletzlich und faktisch gefährdet. Nicht die Kernenergie als solche ist die Hauptgefahr, sondern die auch ohne Kernenergie stattfindende Gewaltanwendung durch Terror, Polizeistaat, Krieg. Ich übernehme gerne die Formel*, unser technisches System sei nicht »fehlerfreundlich« genug, d.h. es sei gefährdet durch seine zu geringe Fähigkeit, technische und beabsichtigte Fehler auszuhalten. Jedes dezentralisierte System ist fehlerfreundlich; keine Teilkatastrophe wird ihm so leicht zur Totalkatastrophe. Dezentralisierung ist auch moralisch wünschenswert als die plausibelste Straße politischer Freiheit. Aber die nationale und weltweite Interdependenz ist selbst eine Folge des schon eingetretenen Wirtschaftswachstums. Das Problem, diese Wirtschaft »fehlerfreundlicher« werden zu lassen, ist noch kaum in den Blick der Theoretiker (vielleicht eher in den der Praktiker) gekommen. Es ist jedenfalls durch den Widerstreit zweier gleichermaßen abstrakter Prinzipien überhaupt nicht zu lösen: weder durch grundsätzliche Befürwortung des Wachstums noch durch grundsätzliche Gegnerschaft. Wir werden, wie stets in der Geschichte, Krisen erleben, und, bei unvermeidlich wachsender Wirtschaft, vermutlich wachsende Krisen; aber es ist nicht zu erkennen, warum sie nicht der Herausarbeitung deutlicheren Bewußtseins dienen und dann auch wieder bewältigt werden sollten. Die größte dieser Krisen ist der Weltkrieg.

Insofern liegt das eigentliche Gewicht auf der Frage, ob das Wachstum eine moralische Gefahr ist. Einer moralischen Frage ist in ihrer eigenen Ebene nur mit einer moralischen

* Von E. U. und C. v. Weizsäcker.

Aufforderung zu antworten. Diese ist hier die Forderung sinnvoller Askese als Bewußtseinsbasis.

Vor dem Hintergrund dieser Forderung kehre ich als Abschluß zurück zu der zweimal zurückgestellten Frage nach den Ursachen der objektiven Zwänge, welche die vorhin eingeführte, über die Weiterentwicklung des Arbeitsmarkts frei entscheidende Instanz zu einer bloßen Fiktion degradieren. Warum ist unser Entscheidungsspielraum so gering? Im jetzigen Augenblick erscheinen drei Zwänge fast unabänderlich: 1. Die Rationalisierung schreitet fort. 2. Damit ist der Zwang unausweichlich, entweder das Wirtschaftswachstum zu verstärken oder die Arbeitszeit zu reduzieren. 3. Faktisch bleibt das Wirtschaftswachstum (bei uns, d. h. im Industrieland) langsam, und die strukturelle Arbeitslosigkeit wächst solange, als andere Verteilungsschlüssel der Arbeitszeit nicht gefunden sind.

In der Kausalanalyse dieser Zwänge schließe ich mich derjenigen Richtung an, welche ihre gemeinsame direkte Ursache in der überstarken Verhandlungsposition der Gewerkschaften sieht, welche diese, gegeben die Mentalität der Konsumgesellschaft, nötigt, Lohnforderungen durchzusetzen, die in einem freien Arbeitsmarkt nicht erreichbar wären, die also in diesem marktökonomisch objektiven Sinne überhöht sind. Auch dies ist deskriptiv und nicht normativ gesagt: Wenn wir gemeinsam die zwangsläufigen Folgen dieser Politik verstehen, so werden wir die Freiheit haben, zu entscheiden, ob wir eben diese Folgen – nämlich das sinkende Wachstum, die noch rascher sinkende Nachfrage nach Arbeit und daher die Notwendigkeit der Organisation einer Freizeitwirtschaft – wollen. Nur dürfen wir uns über die Wirkungszusammenhänge nicht täuschen. Die Unternehmer werden weiterhin in Rationalisierung und nicht in Expansion investieren, sie werden, wenn sie können, im lohnbilligen Ausland und nicht im Inland

investieren, wenn sie nicht mit überwiegender Wahrscheinlichkeit voraussehen, daß über wenigstens die ein bis zwei
Jahrzehnte hinweg, für welche die Investitionen mindestens
gemacht werden, der Produktionsfaktor Arbeit nicht noch
teurer wird, als er heute schon ist. Alle Beteiligten stehen hier
unter Zwängen, denen sie sich nicht entziehen können. Es ist
nicht »Begehrlichkeit«, sondern die durch die kapitalistische
Wirtschaftsform andressierte Konsumentenhaltung, die kapitalistisch erzeugte Abdressur der »Bescheidenheit«, was die
Gewerkschaftsführungen unter den Druck ihrer Basis setzt,
ihre Macht auszunützen. Es ist nicht »Profitgier«, sondern
Selbsterhaltung im Markt, was die Unternehmer zu ihrer
Reaktion hierauf nötigt.

Dies ist vielleicht eine strukturell marxistische Analyse.
Das Eingeständnis würde mich nicht schrecken, hier vom
Marxismus gelernt zu haben. Ich schließe mich aber keiner
der zwei Folgerungen an, die heute z.T. aus dieser Analyse gezogen werden. Die weich sozialistische, optimistische Folgerung heißt, hier handle es sich in Wahrheit nicht um überhöhte
Löhne, sondern um kapitalistische Überakkumulation, welche eben durch Hebung der Kaufkraft, also der Löhne, zu
überwinden wäre; also: höhere Löhne, mehr Nachfrage, mehr
Produktion, mehr Arbeit. Zu dieser Schlußkette müssen die
weiteren unvermeidlichen Kettenglieder hinzugefügt werden:
höhere Preise, Inflation, Senkung der realen Kaufkraft. Ich
empfinde diese optimistische (und ebenhierin nicht-marxisti-
sche) Auflösung des Problems als eine »Milchmädchenrech-
nung«. Der Leser möge verzeihen, daß ich hier schwierige
ökonomische Probleme in sehr abgekürzter Form, ohne volle
Argumentation, behandle. Sehr viel mehr Plausibilität hat die
streng marxistische Ansicht, hier liege einer der zentralen
»Widersprüche« des Kapitalismus vor; dieses Problem sei
eben im Kapitalismus unlösbar und signalisiere vielleicht so-

gar seine letzte Krise; es sei, um ein zeitweilig im Schwange gewesenes Wort zu benutzen, ein Symptom des »Spätkapitalismus«.

Gleichwohl scheint mir die marxistische Krisenprognose für den Kapitalismus heute wie vor hundert Jahren halb selbstverständlich, halb falsch. Selbstverständlich ist, daß sich geschichtliche Entwicklungen in Ebenen und Krisen vollziehen*, und daß jede ernsthafte Krise eines Systems an den Rand der Gefährdung seiner Existenz stößt. Nur die Existenzgefährdung ruft die Kräfte wach, welche – vielleicht – die Krise überwinden und eine neue Ebene seiner Existenz ermöglichen. Es wäre völlig falsch, wollten wir verkennen, daß wir auch heute einer Krise entgegengehen, die für unser System tödlich werden könnte. Deshalb mein Insistieren auf Erkenntnis der Zwänge, gegen die erkenntnisbetäubende Hoffnung: »es wird schon gutgehen«. Aber eben weil Krisen historisch normal sind, ist nicht klar, ob die marxistische Analyse den tiefsten Grund der Krisen erfaßt, auch wo sie diese ein Stück weit einleuchtend analysiert. Die marxistische Krisenerwartung für den Kapitalismus ist eine Krisenhoffnung, da man meint, eine bessere Alternative zu kennen. Die bisherige Stabilität des Kapitalismus hat doch auch mit der abstoßenden Natur der faktisch realisierten Alternativen zu tun; moralisch gesagt damit, daß der »reale Sozialismus« das Ethos von Freiheit und Gleichheit, das er formal bekennt, real verletzt, und vermutlich zu verletzen gezwungen ist. Er ist für eben diejenigen Faktoren seiner eigenen Krisen blind, die er beim Kapitalismus dem Blick freilegt.

Die sinkende Nachfrage nach Arbeit aber braucht keineswegs der Indikator einer lebensgefährlichen Krise zu sein. Sie könnte im Prinzip auch zu einer Liberalisierung des Arbeits-

* Vgl. *Garten des Menschlichen*, S. 86–90.

markts führen, etwa im Sinne einer größeren Freiheit für den Einzelnen, ob und wann er seine Zeit für sich, ob und wann er sie für bezahlte Arbeit verwenden will (»Zeitsouveränität«). Es ist nicht eine prinzipielle Kalamität, daß wir heute weniger zu arbeiten gezwungen sind als früher. Die Kraft zu solchen Lösungen setzt nur voraus, daß man sie denkt, und daß man sie will. Wollen aber kann man nichts Sinnvolles ohne Selbstbeherrschung.

5. Die Bodelschwingh-Tradition*

Erlauben Sie mir, mit persönlichen Erinnerungen zu beginnen, so wie ich mit ihnen enden werde.

Seit dem Frühsommer dieses Jahres 1977 sind im Friedhof von Bethel, fünf Minuten von hier, in einer Grabstätte drei Gräber, deren Grabsteine, wenn der dritte vollendet sein wird, die Inschrift tragen werden: Friedrich – oder Fritz – von Bodelschwingh, Pastor an der Zionskirche. Keine andere Amtsbezeichnung. Alle drei waren Pastoren, Hirten. Es war der dritte, der jüngste von ihnen, mein geliebter Schwager Friedrich, der mich vor einem Jahr gebeten hat, heute zur Erinnerung an den hundertsten Geburtstag seines Onkels Fritz hier zu sprechen. Ich bin hier, weil er mich gebeten hat.

In der Erinnerung muß ich um vierzig Jahre zurückgehen. Friedrich v. Bodelschwingh, der dritte dieses Namens, und ich haben uns damals kennengelernt, weil wir Schwäger wurden; weil wir zwei Schwestern aus der Schweizer Familie Wille geheiratet haben, die beide heute abend hier sind. Friedrich hat uns, dem jüngeren der beiden Paare, die Traupredigt gehalten, eine unvergeßliche Predigt. Er brachte mich, es war, wenn ich mich recht erinnere, ein sonniger Tag im Jahr 1937, nach Bethel. Ich sah die Anstalten, die Arbeitsstätten der Kranken, die hingebende Pflege. Unvergeßlich – ich muß das Wort wieder gebrauchen – sind mir die schwächsten Kinder in Patmos, die dankbare, glückliche Lösung eines krampfhaft in sich zusammengezogenen zerbrechlichen kleinen Geschöpfs unter einer einfachen Melodie.

Pastor Fritz, wie alle den zweiten Friedrich Bodelschwingh

---

* Vortrag in Bethel, Oktober 1977.

nannten, war damals sechzig Jahre alt und seit fast drei Jahrzehnten Leiter der Anstalt. Seine Frau Julia, die Künstlerin, empfing uns in dem blühenden Garten, den sie originell, wie alles, was sie tat, und hingebend pflegte, hinter dem düsteren Haus, das sie bewohnen mußte. Pastor Fritz kam dazu, als er sich von der Arbeit hatte freimachen können. Ein eher kleingewachsener Mann, ein runder, kahler Kopf, das Gesicht mit seinen anspruchslos klaren Zügen leicht nach unten geneigt, so als höre er eigentlich in ständiger gelassener Aufmerksamkeit einer inneren Stimme zu – und wenn ihm ein Mensch gegenüberstand, hob er den Blick und war mit einem Schlag ganz da, ganz offen für den anderen. Was war in diesem raschen, leisen Blick? Bei einem Bodelschwingh, einem Seelsorger und Vater der Kranken, Gebrechlichen, Vergessenen hätte man gedacht, es sei ein Blick der Hilfe gewesen. Das war es vielleicht auch, aber nicht zuerst. Früher als die Hilfe war es das Verstehen in einer völlig unzudringlichen, fast kindlichen stillen Neugier, in einem Geltenlassen des einmaligen Mitmenschen, der ihm nun hier begegnete. Früher und stärker als das intellektuelle Verstehen, zu dem er doch begabt war, war es das einfache Dasein mit dem Anderen. Nun konnte man reden, erzählen, fragen, man konnte vorbringen, was man vorzubringen hatte, man durfte auch schweigen; man wußte, daß er die Worte und das Wortlose hörte und, wie man biblisch sagt, in seinem Herzen bewahrte. Dieselbe augenblickliche Zuwendung wie zu Menschen habe ich bei ihm auch zu Bibeltexten gesehen, so als er eines Morgens vor dem Frühstück in seinem Haus zu einer kleinen Andacht den Losungstext aufschlug, auf den er sichtlich nicht vorbereitet war: unmittelbar las er ihn, mit stiller, entschiedener Inbrunst in der Stimme, und ohne eines Kommentars zu bedürfen, blühte der Inhalt in ihm und für uns auf.

Ich möchte noch eine zweite Erinnerung anknüpfen. Diese

habe ich hier in Bethel vor zehn Jahren schon einmal erzählt in einem Vortrag über Friedlosigkeit als seelische Krankheit. Ich erlaube mir, die damalige Formulierung heute noch einmal vorzulesen. »Mitten im Zweiten Weltkrieg habe ich einmal Bethel besucht. Pastor Fritz v. Bodelschwingh war kurz zuvor tief besorgt von einer seiner Reisen nach Berlin zurückgekommen. In seinen dortigen Gesprächen mit den führenden nationalsozialistischen Funktionären des Gesundheitswesens war es wieder einmal darum gegangen, ob es ihm gelingen würde, den Vollzug des geheimen Euthanasiebefehls Hitlers von den Tausenden der Betheler Kranken abzuwenden. Bodelschwingh nahm hier wie stets seine Gesprächspartner menschlich ernst. Er suchte eine Sprache zu finden, die sie verstanden, er rang mit ihnen um den Wert auch des leidenden, verhüllten menschlichen Lebens; und auf eine in den Ursachen nie ganz aufgeklärte Weise ist es ja schließlich dazu gekommen, daß der Abtransport und die Tötung der Betheler Kranken unterblieb. Diese Dinge bewegten ihn, als ich mit ihm und seiner Frau – wenn ich mich recht erinnere – am Frühstückstisch saß. Da ertönte auf einmal vor dem Fenster des ebenerdigen Zimmers eine jugendliche und doch etwas brüchige Männerstimme, die allein einen Choral sang. Frau v. Bodelschwingh bedeutete mir, daß heute der Geburtstag ihres Mannes sei; der leicht schwachsinnige junge Mann, einer der vielen ganz persönlichen Schützlinge ihres Mannes, lasse sich diese Form des Geburtstagsgrußes nicht nehmen. Wir hörten zu dritt den Gesang an; zuletzt wurde der Sänger freundlich begrüßt und entlassen, und wir kehrten zum Thema des Gesprächs zurück. Pastor Fritz sagte nachdenklich: ›Ja, wenn ich so aus Berlin zurückkomme und mich in Bethel von der Pforte an diese meine lieben kranken Freunde in ihren sonderbaren Weisen begrüßen, dann bin ich wieder zu Hause. Da muß ich oft denken: die hier sind doch nur im Kopf verrückt, aber die in Berlin sind im Herzen verrückt.‹ Die Welt jener Berliner Befehlsträger war eine Welt nicht ohne einsatzbereiten Idealismus und nicht ohne scharfe Intelligenz, aber sie war eine Welt furchtbarer Friedlosigkeit. Bodelschwingh nahm auch diese Menschen ganz und gar ernst, aber er nahm sie ernst als unwissentlich kranke Menschen – als im Herzen Verrückte. Gerade weil er mit Kranken menschlich sprechen konnte, konnte er auch mit jenen Funktionären menschlich und darum wirksam sprechen. Er verstand die Friedlosigkeit als seelische Krankheit.«

Mein heutiger Vortrag soll sich, wie der damalige, nicht im Erzählen von Erinnerungen erschöpfen. Als Thema habe ich gewählt: Pastor Fritz und die Bodelschwingh-Tradition. Ich möchte versuchen, mir selbst klarzumachen, was eigentlich die Substanz und die Bedeutung der Bodelschwinghschen Tradition ist. Ich kann nicht aus dieser Tradition heraus sprechen, der ich nicht entstamme, sondern als einer, der ihr begegnet ist. Ich werde den für diese Tradition scheinbar selbstverständlichen kirchlichen Rahmen, die lutherische Tradition, die Ravensberger Erweckung, die innere Mission nicht unbefragt voraussetzen. Ich halte für unerläßlich, die deutsche Kirchengeschichte der letzten 150 Jahre im Rahmen der säkularen Geschichte des neuzeitlichen Europa zu beurteilen. Ich glaube damit der Auseinandersetzung der drei Bodelschwinghs mit ihrer jeweiligen geschichtlichen Gegenwart nicht untreu zu werden. Freilich muß ich dabei zwei Traditionen miteinander konfrontieren, die einander zu ihrem Schaden nie ernst genug nahmen. Ich muß dazu für kirchliche Ohren fast wie ein Ungläubiger, für säkulare fast wie ein Pietist reden. Um die notwendige Herausforderung diskutierbar zu halten, werde ich versuchen, die Objektivität nicht durch eine zurückhaltende Sprache zu wahren, sondern durch klare Herausarbeitung meiner subjektiven Urteile als solcher.

Wollen wir die drei Generationen der Betheler Pastoren Bodelschwingh verstehen, so müssen wir einen Blick auf die Herkunft ihrer Familie, insbesondere auf ihren unmittelbaren Vorfahr, den preußischen Minister Ernst v. Bodelschwingh richten. Dieser stammte aus dem grundbesitzenden westfälischen Uradel, nahm an den Befreiungskriegen 1813–15 teil, wurde Jurist, wurde ein vom Volk geliebter Landrat, ein geachteter höherer Verwaltungsbeamter und zuletzt, in den Vierzigerjahren, leitender preußischer Minister unter Friedrich Wilhelm dem Vierten. Der Märzrevolution 1848 mußte er weichen, vom begreiflichen Haß der Liberalen verfolgt. Der junge Theodor Fontane schrieb in jenen Jahren ein satirisches Gedicht, das den Deutschen rät, übers Meer zu den Inkas oder Botokuden auszuwandern: »selbst im Nasenbein der goldne Ring trägt sich leichter als von Bodelschwingh«. Aber man kann nichts in der Geschichte verstehen, und folglich vermutlich nichts bessern, wenn man nicht beide Seiten voll zu begreifen sucht. Jene liberale Kritik war, auf die Person bezogen, tief ungerecht. Ernst v. Bodelschwingh war ein christlich bestimmter Mann liberaler Gesinnung, der seinen König vergeblich von dessen reaktionär-romantischem Kurs abzubringen suchte. Die Loyalität gegen den Monarchen bestimmte ihn, die von ihm für verhängnisvoll gehaltene Politik, zu der dieser sich gleichwohl entschloß, in der ihm eben möglichen maßvollen Form zu vollziehen, bis der König selbst ihm angesichts der Revolution den Abschied gab. Bodelschwingh kehrte auf sein Gut in den Familienkreis zurück, befreit von der für jeden sensiblen Menschen fast unerträglichen Last des verantwortlichen politischen Amtes; er ist bald an den Nachwirkungen einer frühen Kriegsverletzung gestorben.

Niemand, der die Politik ernstnimmt, wird in der Anerkennung ehrenwerter subjektiver Motive schon die objektive Rechtfertigung einer politischen Linie sehen. Für unser

Thema ist es unerläßlich, den geistigen Hintergrund der christlich-konservativen Haltung zu verstehen, die den Bodelschwinghs durch ihre Familientradition mitgegeben wurde. Das seit der Aufklärung der grundsätzlichen Kritik unterworfene Institut der Herrschaft, zumal der erblichen Herrschaft, ist auch den konservativen Christen ein Problem; nur ihre Lösung des Problems ist anders als die der säkular Progressiven. Herrschaft ist ihnen eine notwendige Zwischenlösung in jenem Interim, das ihre Geschichtstheologie diesen Äon nennt, die noch fortdauernde Geschichte bis zum Gericht über diese Welt, bis zu der alles erst zurechtrückenden Wiederkehr Christi. Derjenige, den das Schicksal seiner Geburt zum Herrn bestimmt hat, trägt größere Verantwortung als der Knecht. Und er kann diese fast untragbare Verantwortung nur auf sich nehmen, weil er selbst Knecht eines größeren Herrn, Knecht Gottes ist.» Und wenn ihr alles getan habt, was ihr schuldig seid, sollt ihr kommen und sagen: Herr, wir sind unnütze Knechte und nicht würdig des Lohns, den du uns versprochen hast.« Diese Denkweise kann fast nicht dagegen geschützt werden, daß sie den heute Jungen als Ideologie, als Verbrämung des Machtanspruchs der Herrschenden erscheint, so wie umgekehrt die heute vorwiegenden egalitären Gedanken jenen Konservativen der Vergangenheit als gefährliches, vermutlich böswilliges destruktives Schwärmertum vorkommen mußten.

Wichtig ist bei solchen Gedanken nicht was gesagt, sondern was von Tag zu Tag getan wird. Für das konservative Bild der Herrschaft, das heute so tief in die Vergessenheit versunkene, sind wenigstens zwei Erfahrungen anzuführen, eine allgemeine und eine christliche. Die allgemeine Erfahrung ist, daß traditionell gesicherte – nicht usurpierte – Herrschaft, in welcher jeder von jeher weiß, wer über, wer unter, wer neben ihm ist, die stabilste, ja vielleicht die einzige langfristig stabile soziale Struktur ist, die die Menschheit der Hochkulturen bis heute gekannt hat, die einzige, in welcher die Fraglosigkeit des sozialen Orts eines jeden ihm das, wie man sagte, auf Erden mögliche Maß der Zufriedenheit mit diesem seinem sozialen Ort gewähren konnte. Die christliche Erfahrung aber war gerade, daß auch diese scheinbar befriedete Welt so voller Leiden und Ungerechtigkeit ist, daß sie höchstens als ein Provisorium zu rechtfertigen war; eben darum haben christliche Herren in legitimer Unruhe des Herzens ein Äußerstes an Fürsorge für den Nächsten von sich verlangt. Periodisch kehrt in der christlichen Geschichte die Erfahrung der Seligkeit wieder, die der tätige Glaube dieser Unruhe des Herzens als Antwort bringt. So wurden viele Angehörige des westfälischen protestantischen Adels, auch die Bodelschwinghs, von der damaligen Erweckungsbewegung des Ravensberger Landes berührt.

Friedrich, ein jüngerer Sohn Ernst v. Bodelschwinghs, 1831 geboren, wählte als tatkräftiger und intelligenter junger Mann die Landwirtschaft zum Beruf, obwohl klar war, daß nicht er das väterliche Gut erben würde. Einundzwanzigjährig leitete er bereits das große Gut einer befreundeten Familie in Pommern. Herzerfrischend liest sich im brieflichen Bericht an seinen Vater, wie er in unermüdlichem Einsatz zugleich das ökonomische Gedeihen des Guts und die sozialen Verhältnisse, das leibliche und seelische Wohlbefinden aller Angestellten und Gutsarbeiter in jeder Einzelheit anfaßt. Offensichtlich war sein Blick für organisatorische Notwendigkeiten so klar wie für die unmittelbaren Nöte der jeweils vor ihm stehenden Menschen. Eine scheinbar belanglose Kleinigkeit änderte seinen ganzen Lebensweg. Eine Missionsgesellschaft sandte Traktätchen für die Gutsleute, die er pflichtschuldig verteilte. Eines der Heftchen las er selbst, eine für unser heutiges Empfinden sentimentale Geschichte von einem getauften Chinesenjungen. Dies traf in die christliche Unruhe seines Herzens. Er tat den entscheidenden Schritt über seinen Stand hinaus, legte die Landwirtschaft nieder und beschloß, Heidenmissionar zu werden.

Er mußte dazu Theologie studieren und tat das, am längsten in Basel, in persönlichem Kontakt mit den Leitern der Basler Mission, danach noch kurz in Erlangen und Berlin. Er liebte die Theologie. Aber sie tat ihm das an, was sie immer wieder, in allen Jahrhunderten, nicht erst in unserem, naiv gläubigen Christen mit innerer Notwendigkeit angetan hat: sie erweckte ihn zum Zweifel. Neben der positiven Theologie, an die er sich hielt, begegnete er derjenigen liberalen Theologie, welche die der Aufklärung seit Spinozas theologisch-politischem Traktat vertraute Bibelkritik mit modernen philologischen Methoden in der Kirche selbst zu Gehör brachte. Am Ende seines Studiums fühlte er sich noch nicht geistlich vorbereitet, Heiden das unverkürzte Evangelium zu verkünden. Er wich, wie er meinte vorläufig, vor der äußeren Mission zurück, übernahm aber eine Pfarrstelle mit Kinderlehr-Auftrag bei den deutschen Lutheranern in Paris. Charakteristisch ist, wie er die Glaubenskrise überwand. Er war an die Kinder der Tausende deutscher Gassenkehrer in Paris gewiesen. Er mietete sich zwei Zimmer im Armenquartier des Montmartre. Auf der Straße fand er zwei kleine Mädchen in oberhessischer Tracht. Er ließ sich zu ihren Eltern führen und bat, die Mädchen möchten ihn in seiner Wohnung besuchen. Sie kamen und er begann den Schulunterricht, indem er ihnen vor einer Darstellung des Crucifixus vom Leiden und der Liebe Jesu Christi erzählte. Er selbst berichtet: »Es wird mir für mein ganzes Leben ein unvergeßlicher Augenblick sein, als ich nun zum erstenmal die zwei kleinen Mädchen die Hände falten ließ und Gott um seinen Segen bat . . . Man begreift nun, daß mir jene erste Stunde mit den beiden Gassenkehrerkindern eine wichtige Stunde war und daß mir, als die beiden Kleinen wieder ihres Weges gezogen waren, das Herz in Sprüngen ging. Ich wußte nun wieder, was ich vom Kreuze Christi zu halten hatte, ich konnte mit Freudigkeit davon predigen; und von dieser Stunde an ist mir auch nie wieder ein Zweifel gekommen.«

In Paris, neben London damals noch dem Vorort der Modernität, lebten vielleicht 80 000 Deutsche, meist in niedrigen sozialen Stufen, Handwerker, Schneider, Gassenkehrer. Es ist eines Gedankens wert, daß eben dies das Milieu ist, in dem frühe deutsche Sozialisten wirkten, so Wilhelm Weitling und, für kürzere Zeit und wohl nur mit der intellektuellen Elite verkehrend, Karl Marx. Bodelschwingh, der, seinem christlichen Antrieb folgend, sein Leben wirklich bis zum Ende tagtäglich in den praktischen Dienst an den Ärmsten der Armen stellte, war und blieb überzeugt, das praktizierte Evangelium sei die einzige, die rettende Alternative zum Sozialismus. Es ist schmerzlich zu sehen, wie zwei Ansätze zur Heilung der sozialen Wunden der modernen Welt hier nebeneinanderstanden, deren jeder das besaß, was dem anderen fehlte, und die auch seitdem nie anders als in Personen oder doch nicht historisch entscheidenden Gruppen zueinandergefunden haben. Vergegenwärtigen wir uns am Beispiel Bodelschwinghs diese Dialektik.

Wie der Liberalismus und radikaler als er vollzog der Sozialismus die moderne kritische Rationalität, der sich die Kirche, der sich zumal der positiv-gläubige Bodelschwingh in entscheidenden Punkten verschloß. Es ging hier nicht nur um Theologoumena. Bodelschwingh war mit der inneren Mission am Mutterboden alles Sozialen, der Zuwendung zum einzelnen, zum schwächsten Menschen. Aber der Sozialismus konnte in rationaler Analyse nachweisen, daß Fürsorge für die Schwachen eine Kur am Symptom blieb und nicht den Wandel des Systems brachte, das diese Symptome erzeugen muß. Diese Analyse ist nicht schon dadurch widerlegt, daß sich Marxens Verelendungsthese für die heute hochindustrialisierten Länder nicht bewahrheitet hat. Numerisch überwiegende Randgruppen um dieses Zentrum, zumal die Massen der Dritten Welt, leben bis heute in materiellem Elend, und bei uns ist es nicht unzutreffend, von einer seelischen Verelendung der Wohlstandsgesellschaft zu reden. Bodelschwingh selbst hatte freilich das Ganze klar im Blick. Zwar wurde er durch die Fürsorge für die Kranken, durch Bethel, berühmt. Aber jeder Übelstand, dem er begegnete, rief in ihm Handlungsimpulse wach, und seine stets praktische Analyse kam dem Kern von ganz anderer Seite her ebenso nah wie die sozialistische. Nicht nur folgte er später doch dem Missionsruf mit der Gründung der Ostafrikanischen Mission, suchte er der von ihm als Glaubensverlust erfahrenen liberalen Verwissenschaftlichung der Theologie durch Gründung der Theologischen Schule ein Gegengewicht zu setzen, sorgte er, in charakteristischer Wortwahl, für eine andere soziale Randgruppe, die wandernden Arbeitslosen, seine geliebten »Brüder von der Landstraße«. All dies könnte ein Kritiker noch als Symptomkuren eines unaufgeklärten Konservativen ansehen. Aber Bodelschwingh kam nah dem Kern des sozialen Problems seiner Zeit in der frühe, entgegen der Blindheit des Bismarckschen und des Wilhelminischen Deutschlands, erhobenen Forderung nach Arbeiterwohnstätten. Einen halben Morgen eigenen Grund forderte er für jede Arbeiterfamilie, und er forderte die geographische Ansiedlung der Industrie so, daß dieses möglich werden sollte. Hier war ein politischer Wille zur echten Lösung des sozialen Problems am Werk. Als 73-jähriger ließ er sich in den Preußischen Landtag wählen, um Gesetzgebung hierfür durchzusetzen und hielt einige bewunderte, wenn auch belächelte Reden. Ich lasse offen, wie weit seine Impulse in die Einrichtungen des heutigen Sozialstaats eingeflossen sind. Ebenso lasse ich offen, wie weit diese Einrichtungen von dem entfernt bleiben, was nötig wäre, und von dem, was einst die Hoffnung der Sozialisten war. Weltweit ist heute der Kampf im vollen Gang zwischen den beiden Denkweisen, die ihm gleichermaßen fremd waren, dem technokratischen Kapitalismus und dem militanten Sozialismus. Der eine erzeugt im Fortschritt die Gleichgültigkeit gegen Menschliches, der andere bedarf als Motor des Hasses. Beide sind fern der Liebe, die sein innerstes Motiv war, der Liebe, die keine Gleichgültigkeit kennt, und die den Feind mitten in ihr Herz einschließt.

Warum ist diese Liebe politisch fast machtlos, heute wie in allen Jahrhunderten der Weltgeschichte, trotz aller christlichen und anderen Bekenntnisse? Es gibt viele Gründe dafür. Ein zentraler Grund ist, daß die politische Welt den Anblick des Leidens nicht erträgt. Entweder sie ignoriert das Leiden, oder sie sucht es abzuschaffen. Das erste ist nicht erlaubt, und das zweite ist nicht möglich. Wir können und sollen Leiden lindern, und niemand hat mehr dafür getan als die Bodelschwinghs. Aber sie hatten die Kraft dafür, weil sie das Leiden als ein zentrales Faktum des Lebens, als, wie es in ihrer kirchlichen Sprache hieß, von Gott zugelassen anerkannten und ihm in Brüderlichkeit mit dem Leidenden ins Auge sahen. Deshalb ist der Name Bodelschwingh, trotz der Bethel um vieles überschreitenden Weite des Horizonts aller drei Pastoren, mit Recht im Zusammenhang mit Bethel berühmt.

Bodelschwinghs persönlicher Weg hatte von Paris in ein ländliches Pfarramt in der westfälischen Heimat geführt; von dort wurde er 1872 in die wenige Jahre vorher gegründete Bielefelder Anstalt für Epileptische berufen. Dieser Wendung ging ein Hiobs-Erlebnis voran. Dem jungen Pfarrerehepaar starben in einem Monat an einer Infektionskrankheit alle vier Kinder, drei Söhne und eine Tochter. Später sagte Bodelschwingh einmal einem trauernden Vater: »Damals, als unsere vier Kinder gestorben waren, merkte ich erst, wie hart Gott gegen Menschen sein kann, und darüber bin ich barmherzig geworden gegen andere.« Als dieser Barmherzige kam er nach Bethel. Wie Hiob wurden dem Ehepaar hier noch einmal vier Kinder geschenkt, drei Söhne und eine Tochter.

Es ist nicht meine Aufgabe, hier in Bethel, wo jeder die Verhältnisse besser kennt als ich, über Geschichte und Struktur Bethels zu sprechen. Was mir das für die Allgemeinheit Wichtigste zu sein scheint, habe ich (wenn mir noch einmal ein Selbstzitat erlaubt ist) vor einem Jahr in einem Vortrag in der Bayerischen Landesschule für Blinde in München formuliert. Er trägt den Titel: ›Der Behinderte in unserer Gesellschaft‹. Ich habe den Vortrag nach langen Gesprächen mit meinem Schwager Friedrich niedergeschrieben und habe darin viel über Bethel gesagt; er hat den Vortrag in seinem Freundeskreis bekanntgemacht.* Die an Bethel gelernte Behauptung des Vortrags lautet: Der Behinderte braucht die Gesellschaft, die Gesellschaft braucht den Behinderten.

Der Behinderte braucht die Gesellschaft. Das war zunächst ein Prinzip der inneren Struktur von Bethel. Bodelschwingh gab soweit als möglich jedem Kranken einen Gemeinschaftsrahmen, in dem er, nach seinen begrenzten Kräften, selbst etwas sein, selbst etwas leisten konnte. Von hierher schreibt sich das Verfahren, das man in der etwas zu technischen Ausdrucksweise der Mediziner die Arbeitstherapie genannt hat. Bethel als Ganzes wurde so organisiert, daß es seinen Einwohnern den Raum einer vollen geistlichen und weltlichen Gemeinde gab, mit allen Werkstätten und Betrieben bis hin zum eigenen Geld. Das Bethelgeld war natürlich zugleich Mittel zur Eröffnung eines echten Binnenmarkts in der An-

* Vgl. jetzt in *Der Garten des Menschlichen,* München, Hanser 1977.

stalt und zur Abwehr kommerzieller Einflüsse der Außenwelt. Aber Bethel als eine Gemeinschaft der Leidenden und Pflegenden bedurfte zugleich einer Außenwelt, welche diese Gemeinschaft nicht durch ihr Eigeninteresse verzerrte, sondern wissend trug. Daher Bodelschwinghs, des »größten Bettelmanns« Insistenz, Bethel nicht auf Millionenspenden, sondern auf die Zehntausende kleiner, ersparter Spenden kleiner Leute zu stützen. Er wußte, daß er damit nicht nur der Anstalt eine stabile Basis, sondern den Spendern einen Beitrag zum Sinn ihres eigenen Lebens gab. Die Gesellschaft braucht den Behinderten. Denn es ist tödlich für ihre Seele, ihre Augen vor der Wirklichkeit des Leidens zu verschließen. Ich komme darauf noch einmal zurück, wenn ich nun von der Lebensarbeit des jüngsten Sohnes Friedrich, des Pastors Fritz der Zionsgemeinde spreche.

Der Sohn war ganz anders als der Vater. Pastoren, Hirten waren beide. War der Vater ein Hirt und Herrscher, unumschränkt gerade im Dienen durch die unwiderstehliche Kraft seines liebenden Impulses, so war der Sohn ein Hirt und Gewährender, der mitten in nüchtern geführten großen administrativen Geschäften jedem liebend das Seine zukommen ließ, weil er jeden gelten ließ als den einen Unverwechselbaren, der er eben war. Wie die älteren Brüder studierte er Theologie, und er selbst wäre gerne ein gelehrter Theologe, ein Mann der gedanklichen Arbeit geworden. Früh rief ihn der alte Vater zur Unterstützung nach Bethel. Er antwortete mit den charakteristischen Worten: »Sonst hätte ich nur die Bitte, meine Arbeit nicht über die Grenzen Deines persönlichen Schreibers, Laufjungen und allergehorsamsten Packesels hinausgehen zu lassen in das verantwortungsvolle und verwirrende Anstaltsgetriebe, dem ich mich nicht gewachsen fühle, und in das Programm ein tüchtiges Pensum regelmäßiger wissenschaftlicher Arbeit einzuschalten, die mir zur Erledigung der ernstesten Fragen dringend nötig ist.« Sein Biograph Wilhelm Brandt* sagt überzeugend dazu: »Er hat wirklich die Vorstellung gehabt, daß er nur im kleinen, eng begrenzten Kreise und vorübergehend in Bethel wirken könnte. Das eben hängt damit zusammen, daß er sich nicht selber sah; er wußte nicht, daß seine Person und seine Fähigkeiten ständig den engen Kreis sprengen und für immer weitere Kreise unentbehrlich werden würden. Vielleicht kann man sagen, daß er das zeitlebens nicht gewußt hat.« Dies war 1901; als der Vater 1910 starb, war niemand im Zweifel, daß »Pastor Fritz« der Nachfolger sei.

Zur Schilderung seiner Person ist etwas vom Tiefstdringenden m.E. von Hanns Lilje gesagt worden (W. Brandt, a.a.O. S. 222–223): »An derselben Stelle ist mir auch aufgegangen, warum der jüngere Bodelschwingh ein so großer Seelenführer der Christenheit war. Ich habe immer unter dem Eindruck gestanden, daß seine unwahrscheinliche Klugheit, die noch einige Schichten tiefer reichte als bloße Intelligenz, ihn zum Skeptiker bestimmt hätte, wenn er nicht der Wahrheit Christi begegnet wäre; und ich habe mich manchmal gefragt, ob nicht auch sein Christenstand nur durch eine hauchdünne Wand von der absoluten Skepsis getrennt war. Denn er lebte völlig ohne Illusionen über den Menschen, gerade auch den frommen Menschen. Aber so sonderbar es klingt: die Erkenntnis des Menschen in der absoluten Wehrlosigkeit hat ihn vor der Skepsis bewahrt. Denn im Umgang mit den Gemüts- und Geisteskranken, mit den Epileptikern, vor deren schwerer Leidensnacht jeder bürgerlichen Rationalismus versagt, begegnete ihm die Tiefe der Menschheit. Und hier wurde ihm immer aufs neue erkennbar, daß alles Leben in der Welt, buch-

---

* Wilhelm Brandt, *Friedrich v. Bodelschwingh 1877–1946. Nachfolger und Gestalter,* Bielefeld. Verlagshandlung der Anstalt Bethel, 1967, S. 41.

stäblich alles Leben davon lebt, daß es Gottes Erbarmen gibt. Der Mensch ist so geartet, daß Gott sich seiner nur erbarmen kann ... Und weil Bodelschwingh das alles so deutlich erkannt hatte, darum hatte sein Christenstand eine Qualität, die manchem durch Erkenntnis ausgezeichneten Theologen abgeht, Güte. Das besondere Charisma seiner Verkündigung war die Verbindung von Kraft und Güte.« Soweit Lilje. Ich füge hinzu, daß ich mich kaum in der Nähe anderer Menschen so gelöst gefühlt habe wie bei diesem, dessen Arbeit täglich verzehrende Überanstrengung, dessen täglicher Anblick das Leiden war.

Die ersten zwei Jahrzehnte seiner Anstaltsleitung mit den administrativen und menschlichen Pflichten der notwendigen großen quantitativen Erweiterung übergehe ich; ich habe sie nicht mitangesehen und andere können sie besser als ich bewerten. Die letzten dreizehn Jahre seines Lebens waren überschattet vom Kampf mit dem Nationalsozialismus, mit den zwei Höhepunkten des frühen Kirchenkampfs und des späten Kampfs um die Rettung der Kranken vor der sogenannten Euthanasie. Die Geschichte beider Vorgänge ist in Büchern aufgezeichnet und dokumentiert; ich füge nur wenige Bemerkungen aus persönlicher Erinnerung und persönlichem Urteil hinzu.

Politisch gesehen kam die deutsche evangelische Kirche durch Hitler aus dem von ihr meist nicht erkannten Status der Irrelevanz in den unverkennbaren Status der Bedrängnis. 1933 waren nationale Einheit, Volksgemeinschaft, Gleichschaltung die großen Vokabeln. Den evangelischen Kirchen im Reich wurde angesonnen, auch in ihrem Feld die nationale Einheit zu vollziehen; ein Reichsbischof sollte eingesetzt werden. Um anderem zuvorzukommen, wählten die Führer der alten Kirchen Friedrich v. Bodelschwingh zum Reichsbischof. Das wahrscheinliche Scheitern vor Augen nahm er das Amt an. Nach wenigen Wochen mußte er zurücktreten, Hitlers unfähiger Günstling Ludwig Müller wurde ernannt, und der Kirchenkampf nahm seinen verwirrenden Gang.

Warum hat die Kirche ihn damals gewählt, und wie hat er sich verhalten? Gewiß hat man den klugen, vertrauenerweckenden Mann gewählt, den Träger der berühmten Tradition tätiger Liebe, den von Ehrgeiz freien zutiefst geistlichen Mann, den erfüllten Prediger. Gerade weil er gerecht und abwägend war, war er ein möglicher Einigungskandidat für viele. Nicht ganz ohne Belang für die Wahl war wohl die konservative Tradition des Hauses Bodelschwingh. Er war zwar in vielen Ansichten um mehr als eine Generation moderner als sein Vater, aber er wurzelte noch im monarchischen Deutschland, er war in aller Stille ein Herr; und Hitler vermochte ja damals noch die Konservativen, ohne deren unerleuchtete Hilfe er nie an die Macht gekommen wäre, über seine wahren revolutionär-imperialen Ziele zu täuschen. Im weiteren Verlauf des Kirchenkampfs hat die radikale Richtung der bekennenden Kirche Dahlemer Prägung Bodelschwingh manchmal für einen zaudernden Konservativen gehalten. Dieses Urteil aber war falsch. Es setzte sich aus zwei Fehldeutungen zusammen.

Zunächst einmal war das, was viele für sein Zaudern hielten, in den meisten konkreten Fällen nichts als nüchterner politischer Verstand. Er beobachtete alle Menschen, so auch seine nationalsozialistischen Gegenspieler, er konnte ihre Reaktionen und ihren Handlungsspielraum abschätzen, er wußte, was man sich leisten konnte und was nicht. An Stellen, wo ein kühner Schritt möglich war, war er dazu bereit und verzweifelte fast über mangelnde Unterstützung seiner Freunde; diese suchten das Versäumte anderswo nachzuholen und rannten, von seinem Rat unbeeindruckt, in ein begrenztes Verderben. Politisch urteilsfähige Personen haben immer die

Not mit ihren Mitmenschen, daß diese ihnen Prinzipien aufnötigen wollen, wo Fallentscheidungen gefordert sind, und meinen Fallentscheidungen vor sich zu haben, wo es um Prinzipien geht. Hinzu kam für Bodelschwingh, daß er, anders als so viele, die sich für Christen halten, ein Christ im innersten Herzen, nämlich der spontanen Feindesliebe fähig war. Er sah in den nationalsozialistischen Machthabern nicht nur die Verbrecher, die sie waren; wahrscheinlich sah er sie unbefangener als Verbrecher als die meisten Kirchenmänner. Er sah im Verbrecher, auch und gerade im politischen Verbrecher aber auch den »im Herzen verrückten« leidenden Bruder. In seiner Gegenwart konnte auch der fanatisierte Idealismus eines Nationalsozialisten zu einer Stunde der Besinnung, zur Frage nach sich selbst kommen. Diese Gelegenheiten nahm Bodelschwingh wahr, und er durfte seinen engstirnigeren kirchlichen Mitstreitern nicht erlauben, diese elementare christliche Möglichkeit zu verbauen.

Dazu kommt ein Zweites, das ich nicht aus der Literatur und nicht aus Fritz v. Bodelschwinghs eigenem Munde weiß, aber aus der Erzählung meines Schwagers Friedrich, der seinem Onkel Fritz in jenen frühen Jahren des Dritten Reichs ähnlich als Adlatus zur Seite stand wie dieser dreißig Jahre früher seinem alten Vater. Friedrich sagte mir, als ich mit ihm meinen heutigen Vortrag besprach: »Mein Onkel hat damals die Radikalen der Bekennenden Kirche keineswegs zu radikal gefunden, sondern nicht radikal genug. Er war sich der Problematik der Staatskirche, die angeblich eine Volkskirche ist, voll bewußt. Er war bereit, sich mit der ganzen Kirche von einem heidnisch werdenden Staat zu lösen und das ganze Kirchenvolk in das Wagnis der Urgemeinde mit hineinzunehmen, behutsam aber entschlossen. Nicht nur an den Konservativen scheiterte diese Bereitschaft, sondern ebenso an den Radikalen. Diese wollten damals die Staatskirche in ihrem

Sinne gestalten und den Staat zur Zustimmung nötigen. Das schien radikal, eigentlich war es zu konservativ.« Soweit mein Schwager. Ich füge hinzu, daß ich wohl weiß, daß es ein reformiertes oder sozialistisches politisches Christentum geben kann, das hierüber noch anders denkt. Aber ein seiner selbst bewußtes derart politisches Christentum hätte damals aus politischen Gründen nicht mehr die sichtbare Kirche, sondern nur noch den Untergrund als Medium seiner Wirkung wählen können. Ich meine, daß Bodelschwingh unter seinen kirchlichen Partnern der klarstsehende war. So hat man ihn nach dem Zusammenbruch, etwa auf der Konferenz von Treysa auch gewürdigt und noch einmal gebraucht.

Auch die Art, wie Bodelschwingh seine Kranken vor der Euthanasie gerettet hat, erzähle ich nicht nach. Ich möchte nur, nochmals aus der Biographie, einen für die menschliche Atmosphäre kennzeichnenden Passus vorlesen. Die Schlüsselfigur war Hitlers medizinischer Vertrauensmann Karl Brandt, ein, wie ich von unbestechlichen Zeugen weiß, im Ursprung ideal motivierter Mann, der nach dem Krieg in Nürnberg verurteilt und hingerichtet wurde. Der Biograph Pastor Wilhelm Brandt (mit jenem Arzt nicht verwandt) schreibt (S. 202) zum ersten Gespräch zwischen Bodelschwingh und Brandt, Februar 1941, in Bethel: »Über die Auswirkung dieses Gesprächs gibt es drei Überlieferungen – so charakteristisch, daß man sie am besten einfach nebeneinander stellt. Professor Brandt sagte später in seinem Schlußwort in Nürnberg, Bodelschwingh habe zum Schluß gesagt: ›Das war der schwerste Kampf in meinem Leben‹. Mündlich wird berichtet, daß Bodelschwingh am Nachmittag dieses Tages heiter und gelassen in die Bethelkanzlei gekommen sei und lächelnd gesagt habe: ›Er hat mich für einen ganz passablen Mann gehalten‹. Frieda v. Bodelschwingh berichtet von dem Abend dieses Tages: ›Ganz erschöpft saß Bruder Fritz da. Als ich ihn fragte, was der epileptische Otto, der stundenlang vor der Studierstube ausgeharrt hatte, gewollt habe, sagte Fritz: „Er hat mir auf die Schulter geklopft und gesagt: Ich wollte nur sagen: Wir stehen alle hinter Ihnen"'.«

Am 4. Januar 1946 ist Pastor Fritz gestorben.

Erlauben Sie mir, mit ein paar persönlichen Erinnerungen an den dritten Pastor Friedrich v. Bodelschwingh zu schließen, dem ich es verdanke, diesen Vortrag halten zu können. Er wurde 1903 als Sohn von Wilhelm, dem ältesten überlebenden Kind des Vaters Bodelschwingh geboren. Auch er wurde Theologe, wie sein Onkel Fritz stark von Schlatter bestimmt. Über seinen Ort in der Kirche sagte er mir einmal, in einem Nebensatz: »Wir, die wir vom jüngeren Blumhardt herkommen . . .« Seine Theologie bewahrte also den Schatz der pietistischen Erweckung und drängte in die soziale Praxis. Aber immer blieb er ein subtiler Theologe und Textinterpret. Glücklich war er, als ein Freund ihm die gesammelten lateinischen Werke des Augustinus vererbte, und vor jeder Predigt las er bei Augustinus nach, was dieser über denselben Text gepredigt hatte. Mit mir las er im vorletzten Jahr seines Lebens den Römerbrief im griechischen Text, und wir haben viele Entdeckungen an diesem Text miteinander gemacht. Ich verfaßte dann eine Auslegung der Seligpreisungen, Matth. 5, und sandte sie ihm. In seinem letzten Brief schrieb er mir zu der Folge: »Selig die hungern und dürsten nach Gerechtigkeit – selig die Barmherzigen« die Sätze: »Hoch bedeutsam ist die Zusammenstellung von Gerechtigkeit und Barmherzigkeit. Jesus folgt damit einer zentralen, aber weitgehend übersehenen Aussage des Alten Testamentes, das Gerechtigkeit und Barmherzigkeit aufs allerengste miteinander verbindet: Gerechtigkeit ohne Barmherzigkeit ist lieblos, Barmherzigkeit ohne Gerechtigkeit ist entehrend.«

Die Predigt war, wie vielleicht schon bei seinen Vorgängern, die Mitte seiner Existenz. Er war ein charismatischer Prediger. Unvergeßlich – nun sage ich das Wort zum drittenmale – die eigentlich zarte Gestalt, das ausdrucksvolle Gesicht, die sehenden Augen, der warme volle Klang der Stimme, die bei sicher präparierter Gedankenführung völlige Spontaneität des gleichnisstarken Ausdrucks, Sprache eines Mannes, der keinen Gedanken auf sich, alle Gedanken auf das Wort und seinen Dienst an den Hörern, ihren Leiden und Freuden verwendete, der schonungslos sprechen konnte und doch niemals hart, persönlich und doch niemals zudringend, voller Empfinden und ohne einen Hauch von Sentimentalität, erfrischend und nie banal, liebevoll nicht aus Absicht, sondern aus gläubiger Natur. In seiner lang hingezogenen qualvollen letzten Krankheit verzichtete er nicht aufs Predigen – »wenn ich nicht mehr verkündigen kann, möchte ich nicht mehr leben«.

Er wurde Pfarrer bei Dortmund, Adlatus seines Onkels, Pfarrer in Schlüsselburg an der Weser, mußte im zweiten Krieg als Soldat einrücken, war kriegsgefangen in England, wo ein wohlorganisiertes Ausbildungslager ihm viele Freundschaften brachte, kehrte wenige Tage vor dem Tode seines Onkels nach Deutschland zurück und mußte dann in drei Jahrzehnten die Lasten der Betheler Arbeit auf sich nehmen, zuletzt (1959–68) als Leiter der gesamten Anstalten. Den Ruhestand, wenn man das so nennen darf, widmete er der Nichtseßhaften-Fürsorge, noch im letzten Lebensjahr, schwerkrank, reiste er in Sachen einer neu zu gründenden Nachbarschaftshilfe und schrieb mir in seinem letzten Brief, aus dem ich vorhin zitiert habe: »Wenn man eine sinnvolle Aufgabe hat, ist es eine Lust zu leben.«

Das Bethel der Nachkriegszeit, für das er die Verantwortung mittrug, mußte lauter neue Probleme lösen. Die deutsche Teilung bewegt ihn tief; wie eng war und blieb er mit Lobetal in der DDR verbunden! Der Wiederaufbau nach den

Fliegerzerstörungen führte sinnenfällig in die moderne Welt, die Welt des Wirtschaftswunders und des Sozialstaats, der medikamentösen Medizin, der Funktionalität. Er stellte sich dieser Herausforderung, deren Ambivalenz er tief empfand. Er war kein Konservativer mehr, wie die beiden Vorgänger es doch gewesen waren; je älter er wurde, desto weniger war er konservativ, desto schockierendere Bemerkungen konnte er in aller Stille über kirchliche und andere Verhältnisse machen. Ebensowenig aber glaubte er an eine Erlösung durch Wohlstand und glatte Funktionen. Er war den realen administrativen Entscheidungen zugewandt, sonst wäre er kein Bodelschwingh gewesen. Aber er war auch ein Künstler, ein Musiker, ein Architekt, und, auf der fruchtbaren Erde Westfalens, fast ein Bauer. Ein Mitarbeiter sprach zu mir von seinem manchmal in eine unergründliche Ferne gewandten Blick bei Vorstandssitzungen, und mir sagte er einmal: »Wir tun in Bethel so viele gute Werke, daß wir keine Zeit zum Beten mehr haben.« Er war nicht im engeren Sinne witzig, denn er war nie scharf, aber er konnte gut lachen und hatte einen treffenden Humor, der manche seiner kritischen Beobachtungen freundlich färbte. Als er von der Synode einer – ich will sagen der N.N. Landeskirche – einmal zu mir kam und ich ihn fragte, wie es gewesen sei, sagte er: »Und schrien bei vier Stunden: groß ist die N. N. Landeskirche« (vgl. Apostelgeschichte 19, 34). Was ihm an der Kirche schwer erträglich war, hat er einmal in einer Predigt gesagt: »Wir meinen ja, unsere reformatorischen Vorfahren hätten den Weihrauch aus der Kirche verbannt. Aber wir haben ihn noch – dick – den Weihrauch der Selbstgerechtigkeit.«

Ein Bodelschwingh darf die Welt, in deren Mitte er lebt, nicht auf sich beruhen lassen; er wäre kein Christ, wenn er es täte. Der Alte, den sie den Vater Bodelschwingh nannten, war in der Praxis der radikalste Weltveränderer unter den Dreien.

Als politischer Konservativer konnte er seine Weltveränderung interpretieren als Rückführung der Gesellschaft in jenen Zustand, der ihr, in diesem Äon der Vorläufigkeit, allein ein vorläufiges Maß an Gerechtigkeit, an gegenseitiger Liebe, an Fähigkeit zu leben gewährt. Pastor Fritz mußte ständig modernisieren, und er mußte sich zuletzt mit allen Kräften des Herzens, des Willens und der Klugheit einer pervertierten Modernität entgegenstemmen. Der dritte Friedrich übernahm die Verantwortung in einer Zeit, in der es den Mächten der Geschichte wieder einmal gefiel, den rasenden Weg ins Unbekannte mit stehenbleibenden Fassaden der Vergangenheit und dünnfurnierten neuen Fassaden zu verhüllen. Durch Fassaden ließ er sich nicht täuschen.

Am Sonntag, den 5. Juni 1977, kurz nach seinem 75. Geburtstag, war er vormittags noch in der Kirche. Mittags setzte der Todeskampf ein. Die Gefahr für den Weltfrieden durchzog seine letzten Worte, und dann das getröstete Wissen einer höheren, rettenden Macht. Am späten Nachmittag ging er hinüber.

6. Kirchenlehre und Weltverständnis*

Das Selbstverständnis der Kirche ist seit Jahrhunderten mit der Bewußtseinsform der modernen Wissenschaft konfrontiert. In unserem Jahrhundert hat diese Konfrontation die Gesamtheit der Menschen erreicht. Die Zahl derer, die in ungebrochener Gläubigkeit von der Kindheit bis ins kirchliche Amt hineinwachsen, nimmt ständig ab. Wer aus einer der noch bestehenden Inseln vorneuzeitlicher Frömmigkeit an die Universität kommt, dem treibt spätestens die Theologie selbst den naiven Glauben aus. Sie erweist ihm damit einen grundlegenden, unerläßlichen Dienst. Sie erweckt ihn zum Bewußtseinsstand seiner Zeit. Nun steht er persönlich vor der Frage, welche die oft verdrängte Frage der Kirche ist: ist es mit dem modernen Bewußtsein vereinbar, Christ zu sein?

Es wäre Hybris, wollte irgendein heutiger Theologe oder irgendeine Kirchenleitung behaupten, er oder sie sei im Besitz der allgemeinverbindlichen Antwort auf diese Frage. Wer sich mit der Frage ernstlich beschäftigt hat, den kostet es keine Mühe, jeder vorgetragenen Theologie die Privatheit ihres Lösungsversuches, jeder heute beschlossenen kirchlichen Formel den Kompromißcharakter anzusehen. Wie so häufig im Leben wird das Problem verschärft, wenn man versucht, sein Bestehen zu leugnen. Ich möchte im folgenden umgekehrt zeigen, daß die Kirche gerade dadurch, daß sie dieses Problem hat, in ihrer eigenen, ihrem Auftrag entsprechenden Situation ist. Dieses Leiden ist Gottes Geschenk an die Kirche. Die Kirche hatte, wo immer sie lebendige Kirche, Gemeinde ihres Herrn war, ein ebensolches Selbstdeutungsproblem. Denn es

* Unveröffentlichte Aufzeichnung, 1978.

hat noch keine Zeit in der bisherigen Geschichte gegeben, in deren Bewußtseinsstand die lebendige Kirche gepaßt hätte. Und es war noch eine Vereinfachung, eine Projektion der Gründe des Leidens nach außen, wenn die Kirche sich als die kleine Schar empfand, welche gegen ihre Zeit die Wahrheit weiß. In diese äußere Lage kommt die Kirche freilich immer wieder. Aber die Glieder der Kirche sind stets doch Kinder ihrer Zeit. Das fruchtbarste Leiden ist nicht der Konflikt mit einer feindlichen Umwelt, sondern der ausgetragene Konflikt in der eigenen Seele, der die jeweilige geschichtliche Gegenwart liebend in die Spannung aufnimmt.

Ich versuche nun, in einem skizzenhaften, dreimal ansetzenden Gang durch die Kirchengeschichte die Entwicklung des Selbstverständnisses der Kirche in dieser fortdauernden Spannung zu verfolgen. Methodisch ist jeder dieser Durchgänge ein Kreisgang. Er geht – soweit ein Einzelner heute dazu fähig ist – vom vollen modernen Bewußtsein aus und beschreibt die Stationen der Kirchengeschichte in den Kategorien, die dieses Bewußtsein anbietet. Er versucht, gerade in dieser Sprache das Besondere der christlichen Erfahrung anzudeuten und die Spannung zu zeigen, in der diese Erfahrung zu jedem historisch aufgetretenen Bewußtsein, schließlich also auch zu dem unserer eigenen Gegenwart stehen mußte. Die Gliederung in drei Durchgänge schließt sich locker an die drei Artikel des Glaubensbekenntnisses an. Dabei wird der Anfang aber mit dem zweiten Glaubensartikel gemacht. Denn nicht der Glaube an Gott und nicht die Erfahrung einer vom Geist geführten Gemeinschaft unterscheidet die christliche Kirche von anderen großen Religionen, sondern ihre Zugehörigkeit zu Jesus Christus.

Die Kirche hat sich immer als die Gemeinde Jesu Christi verstanden. Seit den Jüngern, die noch mit ihm gegangen sind,
heißt er in ihr der Herr. Was weiß die Kirche von ihrem
Herrn?

Die ältesten Dokumente, und fast die einzigen neben ein
paar ungewissen Lichtblitzen in der apokryphen Literatur,
sind im Kanon des Neuen Testaments überliefert. Die Wissenschaft hat uns sehen gelehrt, daß schon die Entstehung dieser Texte eine Folge der ersten Selbstdeutungskrisen der Kirche war. Es waren Krisen gegenüber dem Bewußtsein einer
komplexen jüdischen, hellenistischen gnostischen Welt, der
die Glieder der Gemeinde selbst entstammten. Welche der
überlieferten Worte Jesu echt sind, wird im einzelnen philolo-
gisch unentscheidbar bleiben. Aber diese Worte tönen in einem unverwechselbar eigenen Klang. Er ist ganz anders, nicht
nur als die Redeweise der dreifach verschiedenen Umwelt,
sondern ebenso anders als der Klang aller frühchristlichen
Äußerungen, auch derjenigen der Verfasser der neutestamentlichen Schriften selbst. Dieser Klang, so scheint mir,
konnte nicht erfunden, ja kaum imitiert werden. Freilich
konnten Jesu Worte verändert, in neue Zusammenhänge gestellt, erweitert und beschnitten werden. Darum sollten wir
vielleicht kein einzelnes der überlieferten Worte als fragloses
Zeugnis in Anspruch nehmen, aber doch ihre Gesamtheit als
das Zeugnis einer Person und ihrer Wahrheit. Offenkundig
ist, daß diese Wahrheit zu Jesu Lebzeiten mit den jüdischen
und schon in der Urgemeinde mit den hellenistischen und
gnostischen Vorurteilen in Konflikt geriet. Elemente aller
drei Vorurteile hat die frühe Kirche dann freilich in ihre eigene Lehre eingebaut. Sie konnte nicht anders handeln, denn
Jesus hat ihr keine dogmatische oder organisatorische Anwei-

sung hinterlassen, wie sie als Kirche die Jahrhunderte überdauern sollte.

Gerade die allgemeinen Kategorien der Religionswissenschaft, sorgfältig angewandt, können uns helfen, die besondere Lage der christlichen Kirche zu erkennen. Jesus tritt für die historische Wissenschaft als einer der großen Religionsstifter ins Licht. Von den Herkunfts- und Geburtsmythen bis zur Vergöttlichung des Stifters erkennt man übliche Figuren. Diese haben ihr geschichtliches Recht. Jesus wird in der Geschichte der von ihm gestifteten Religion – wenn ich mich zur kurzen Verständigung eines Terminus von C. G. Jung bedienen darf – in die archetypischen Erwartungen der Menschen eingefügt. Aber die geschichtliche Realität ist immer anders, sie gerät in Konflikt mit den Erwartungen. Werfen wir einen vergleichenden Blick auf drei andere »Stifterreligionen«: das Judentum, den Buddhismus, den Islam. Der Name Moses steht für einen Gottesbund, der einem Volk sein geschichtliches Leben ermöglicht. Buddha, in der Lebensweise wahrscheinlich Jesus mit seinen Jüngern am ähnlichsten, lehrt den Einzelnen den Weg zum Erwachen, den Weg, der heute gegangen werden kann, wann immer heute ist; er überliefert den Weg eben damit den Schülern seiner Schüler, dem künftigen Mönchsorden. Mohammed gründet eine kämpfende Gemeinschaft; er ist der einzige der vier, der den Begriff des Religionsstifters (»Prophet« in seiner Sprache) kennt und auf sich selbst anwendet, so, daß er selbst das heilige Buch seiner Religion verfaßt. Jesus lehrt das Reich der Himmel, das schon da ist.* Das ist das Messiasreich, auf das die Propheten gewartet haben, das ist Erwachen wie bei Buddha, das ist die Weltveränderung, die Mohammed von Jesus gelernt hat; es ist verbindlich für die Gemeinschaft und ohne Gewalt. Es bedarf der

---

* ἤγγικεν heißt: es ist angekommen, vgl. *Garten des Menschlichen*, S. 491.

Anweisungen zum Überdauern nicht; der Geist wird euch lehren, was ihr sagen sollt.

Das erste, was die Gemeinde nach der Kreuzigung zu lernen hatte, war, daß nicht das sichtbare Reich der Himmel da war, sondern die verfolgte Kirche. In ihrer doch wohl auf Jesus zurückgehenden Tradition verstand sie diese Lage als Interim bis zur nahen Wiederkunft des Herrn. Die beispiellose Geschichtsdynamik des Christentums rührt gerade daher, daß die Christen kein Bild einer akzeptablen Geschichte mitgebracht haben. Sie mußten jeder etablierten Gegenwart, in die sie gerieten, zum wenigsten im Herzen den Gehorsam verweigern, auch der etablierten Gegenwart, welche durch die kämpfende und siegende Kirche selbst geschaffen wurde.

Es war das historische Schicksal des Christentums, nicht eine jüdische oder gnostische Sekte zu bleiben, sondern die Lebensmitte der hellenistisch-spätantiken Weltkultur zu werden, und in der Folge die Lebensmitte der aus ihr erwachsenen Kultur des mittelalterlichen und neuzeitlichen Europa. Diese okzidentale Kultur ist eine der großen Kulturen der Welt. Sie geht uns doppelt an, erstens weil wir ihre Kinder sind, zweitens weil sie die heute entstehende Menschheitskultur prägt. Jede der großen Kulturen hat Religion als Kulturträger* gebraucht. Was hat das Christentum als Träger der europäischen Kultur mit der Wirklichkeit des Herrn der Kirche zu tun? Ohne ihn wäre das Christentum nicht möglich geworden; in all seinen Selbstdeutungen ist es auf ihn bezogen. Aber die Form dieser Selbstdeutungen ist jeweils aus angebbaren kulturellen Quellen bestimmt. Sein Erzählungsschatz, seine Bildersprache ist biblisch, also kulturell jüdisch. Seine politische Verfassung ist römisch, legalistisch. Die Begrifflichkeit seiner Theologie ist die einer anderen großen Religion: derjenigen der griechischen Philosophie.

* Vgl. ebda. S. 472.

Schon früh zeigt sich die politische Notwendigkeit, die Einheit der Kirche zu garantieren. Das legalistisch formulierte Glaubensbekenntnis wird zum Kriterium der Zugehörigkeit zur Kirche. Seine Denkmittel sind die der griechischen Logik. Ein Dogma ist ein Aussagesatz, der als solcher wahr oder falsch sein kann; wer bekennt, daß der Satz wahr ist, hat den rechten Glauben. Auf der Hand liegt die politische Zweckmäßigkeit dieses Mittels und die Unausweichlichkeit seiner logischen Gestalt in der späthellenistischen Kultur, aber ebenso liegt auf der Hand seine Ferne vom eigentlichen Sinn der griechischen Philosophie und seine radikale Ferne von dem Evangelium, das Jesus gelebt und gelehrt hat. Gleichwohl drücken zumal die großen konziliaren Dogmen tiefe Wahrheiten symbolisch aus; die innere Spannung jeder kirchlichen Selbstdeutung verrät sich hier darin, daß fast jedes der großen Dogmen logisch ein Paradoxon ist (Trinität, Zwei-Naturen-Lehre), also das gedankliche Mittel, dessen es bedarf, zugleich zerstört.

Jesus Christus selbst, dessen Worte den Ungelehrten so viel leichter verständlich sind als den Gelehrten, geht durch diese ganze Kultur in ihrer Bildersprache als der Mensch gewordene Gott, dessen Geburt, Erdenwandeln, Tod und Erhöhung erzählt und gefeiert werden, als der Retter der Sündigen, der Tröster der Armen, und als der geheime Bruder und Herr der von der Kirche Verstoßenen, der Ketzer. Denn die Ketzer konnten sehen, was die herrschende Kirche sich zu jeder Zeit verbergen mußte: ihre in ihrer kulturellen Rolle wurzelnde präzise Strukturanalogie zur Synagoge. Ihre Theologen und ihr Kirchenvolk waren objektiv in die Rollen eingetreten, die zu Jesu Zeit von den Schriftgelehrten und Pharisäern gespielt wurden. Es war ein armes Trostmittel der von der Ahnung dieser ihrer eigenen Rolle bedrängten Kirche, daß sie ja den wahren Glauben verteidige, den Glauben an den von den

Schriftgelehrten und Pharisäern ans Kreuz gebrachten Herrn. Ein armes Mittel, denn ebenso haben sich die Schriftgelehrten und Pharisäer auf ihren wahren Glauben berufen, den an Mose und die Propheten.

Die christliche abendländische Kultur bringt die Wissenschaft hervor. In einer jahrhundertelangen Renaissance wird zunächst das geistige Niveau der klassischen Antike wiederentdeckt, und damit der Wirklichkeitsbezug der griechischen Kultur: ihrer Philosophie, ihrer Wissenschaft, ihrer Kunst. Eine Stufe des Wegs zur Realität ist die Aristoteles-Rezeption der Scholastik. Ein vielleicht noch wichtigeres Geschenk dieser Renaissance an die Kirche wird dann die humanistische Philologie. Sie hat uns wieder gelehrt, Quellen nicht allegorisch, sondern auf ihren von den Verfassern gemeinten Sinn hin zu lesen. Sie führte zur Neuentdeckung der Bibel. Ohne sie wäre Luthers Schriftprinzip unmöglich gewesen. Aber nicht das historisch neu auftretende und rasch von der Aufklärung überholte Schriftprinzip ist Luthers Geschenk an die Kirche, sondern das, was er in der Schrift las.* Es ist die Erfahrung der Rechtfertigung, interpretiert durch die bis heute nicht von der Anthropologie rezipierte Lehre vom *servum arbitrium*.

Auch was Luther wiederentdeckt, ja in seiner Fassung als erster entdeckt, ist durch Jesus ermöglicht. Er entdeckt aber nicht Jesus, sondern er entdeckt Paulus und den von Paulus im Glauben erfahrenen Christus. Der Glaube ist ein reales Geschehen, ein Erwachen. Die Rechtfertigung durch den Glauben ist etwas völlig anderes als die kirchengeschichtlich fast unvermeidlich eintretende Rückwendung zum Bekenntnis, zur vermeintlichen Rechtfertigung durch das Bekenntnis des rechten Glaubens, ein Bekenntnis, das ein gutes Werk ist wie

* Vgl. *Garten des Menschlichen*, IV, 4.

andere Werke. Luther hinterläßt der Kirche eine offene Front. Die verfaßte lutherische Kirche ist demgegenüber eine um eine tiefe Wahrheit bereicherte, im Blick auf viele andere katholische Güter aber verengte, kontinuierliche Fortsetzung des kulturtragenden Christentums.

Mit der lutherischen Orthodoxie und dem tridentinischen Katholizismus (der noch die herrliche Blüte des Barock ermöglicht hat) tritt die christliche Kirche in die kulturelle Defensive ein. Diese hochrespektable Rolle mußte im geschichtlichen Prozeß gespielt werden. Aber der Bewußtseinswandel ist unaufhaltsam. Die Niederlage ist der Defensive gewiß. Die Rolle des Trägers der fortschreitenden geschichtlichen Verwandlung, die anderthalb Jahrtausende dem Christentum zugefallen war, übernimmt nun die Aufklärung. Die Ambivalenz der Aufklärung hängt freilich tief damit zusammen, daß sie an der Kirche nur das doch Periphere zu würdigen vermag, ihre Leistung als Kulturträger, aber gerade nicht den Kern. Die Aufklärung wehrt sich mit Leidenschaft gegen das *servum arbitrium*. Sie will ein besseres Gesetz und kein Evangelium. So hat in der späteren Neuzeit der Kern christlicher Wahrheit überhaupt keinen Sprecher, der das moderne Bewußtsein erreicht: die Aufklärung nicht, weil sie den Kern verwirft, die Kirche nicht, die defensiv das Pfund vergräbt. Jedes so verkürzte summarische Urteil ist, wie ich weiß, falsch, schon weil es summarisch ist. Aber vielleicht trifft es eine Grundkonstellation der Neuzeit. Das Leiden an der Unerträglichkeit dieser Konstellation speist die Dynamik der neueren profanen und Kirchengeschichte.

Ein Geschenk, das die Aufklärung als Erbin des Humanismus der Kirche gebracht hat, ist die philologische Bibelwissenschaft des 19. und 20. Jahrhunderts. Sie hat viele der biblischen Texte, zumal des Alten Testaments, erst wieder zum Leuchten gebracht. Auch zum Verständnis des Neuen Testaments ist sie unentbehrlich. Doch scheint sie an dessen Kernfrage bisher gescheitert zu sein. Jesus hat sich ihr im Grunde nicht offenbart, sondern entzogen. Vermutlich ist schon dieser Entzug scheinbarer Sicherheiten eine für die Kirche unerläßliche Erfahrung, das Pflügen des Ackers für eine Saat der Wirklichkeit.

Worin besteht dieser Entzug? Es ist schon aus der Profangeschichte bekannt, daß ein Interpret einer großen Gestalt selten mehr hervorbringt als ein idealisiertes Bild der eigenen Vorurteile, zumal wenn er einen Großen der eigenen Partei schildert. Ein Saiteninstrument kann nur mit solchen Tönen in Mitschwingung kommen, die in ihm selbst als Grund- oder Obertöne seiner Saiten bereit liegen. Die historische Wissenschaft hat diese Fehlerquelle erkannt und hat ihre Forscher zur Auffassung des Fremden als eines Fremden erzogen. So ist das Alte Testament von christlichen Exegeten in dem Augenblick gleichsam neu entdeckt worden, in dem sie lernten, es nicht mehr durch die christologische Brille, sondern als Dokument seiner Zeit zu lesen. Sein wahrer Zusammenhang mit Christus wird dadurch überhaupt erst erkennbar. So können wir heute die Lebendigkeit des Alten Testaments in Jesu Worten ganz anders wahrnehmen als die alte Kirche, die in diesen Zitaten vor allem Dokumente erfüllter Prophetie sah.

Die Frage nach dem historischen Jesus war der notwendige Versuch, auch Jesus selbst nicht mehr durch die christologische Brille zu sehen. Aber in fast allen Antworten auf diese Frage sieht man den Interpreten aufs deutlichste gespiegelt, mit allen seinen Vorurteilen, sieht aber die Gestalt Jesu selbst nur wie durch einen Schleier. Der Schleier scheint gewebt – und zwar einerlei ob die Leben-Jesu-Forschung kirchenkritisch oder kirchlich orientiert war – aus den Idealen des Interpreten, denen er sein Bild Jesu anpaßte. Die Aufgabe der Exegese wird noch erschwert durch die zutreffende Erkenntnis, daß der Kanon des Neuen Testaments selbst nicht unmittelbares Dokument Jesu, sondern Dokument des frühen Gemeindeglaubens, oder genauer: Dokument der ersten Selbstdeutungskrisen der Kirche ist. Diese Erkenntnis nötigt den Interpreten, seine eigene Theologie bewußt schon in die Aufschlüsselung der Fakten einfließen zu lassen. Am großartigsten, man möchte sagen am glaubwürdigsten erscheint der so erschlossene historische Jesus dort, wo der Anspruch, den Herrn als treuer Jünger zu verstehen, zusammenbricht; wo der Interpret ihn nicht als Lehrer für uns, sondern als unnahbar fremd, als unnachvollziehbar beschreibt. Hier meint man zu spüren, daß den Interpreten der Schreck vor der Wirklichkeit packt. So wenn Albert Schweitzer mit dem ihm eigenen moralischen Mut den Jesus der eschatologischen Naherwartung entdeckt, die Schweitzers eigener Weltanschauung ganz fern ist. Wenn ich mich nicht täusche, hängt auch vor der heutigen kirchlichen Exegese der Bergpredigt und der Gleichnisreden der Schleier, daß diese Texte für eine Lebensform verbindlich gemacht werden müssen, die der Lebensform der wandernden Jünger, zu denen Jesus gesprochen hat, fern, ja entgegengesetzt ist.* Der Interpret kann die wörtlich gemeinten Forderungen der Reden Jesu in seinem eigenen Leben nicht erfüllen, und da er das nicht erträgt, deutet er sie um. Dies mag den eigentümlichen Ton abstrakter Erregtheit in vielen neutestamentlichen Exegesen unserer Tage verständlich machen.

Am leichtesten fällt der Blick auf Jesus daher denen, die in einer der seinen irgendwie verwandten Lebenssituation sind, sei es in kirchlichen Minderheitengruppen, sei es ganz außerhalb der Kirche. Unsere Zeit hat durch ihre eigenen Lebenserfahrungen die neue Möglichkeit, Jesus als Sozialrevolutio-

* Vgl. *Garten des Menschlichen*, IV, 5.

när oder als spirituellen Meister zu sehen. Sozialisten sehen ihn als einen der frühen gewaltlosen Revolutionäre, und sehen die organisierte Kirche als die Reaktion der herrschenden Schichten, um diese Sprengkraft unschädlich zu machen. Jesus als der spirituelle Meister wird denjenigen sichtbar, die heute die Wirklichkeit der meditativen Erfahrung in den asiatischen Religionen wiederentdecken.

Unser heutiges Verständnis für Jesus ist so offen, wie es die Entwicklung unseres eigenen Denkens und Lebens ist. Dies ist ein Leiden, denn es ist eine Verheißung, der wir noch nicht gewachsen sind.

Gott, Welt und Mensch

Die überlieferte christliche Lehre von Gott ist ein nie gelöster Kompromiß der Gotteslehren zweier Religionen: derjenigen des Alten Testaments und derjenigen der griechischen Philosophie.

Der Gott des alten Israel ist zunächst der Gott des Bundes, der das Leben seines Volks ermöglicht. Er bekundet sich als der Gott des moralischen Gebots, der religionsgeschichtlich so grundlegenden Scheidung des Guten und des Bösen. Die Propheten erkennen dies als eine Wahrheit für alle Völker. Gott ist in der prophetischen Religion der Gott aller Völker, ja der ganzen Welt. Er wird als der Schöpfer des Himmels und der Erde, als der Schöpfer des nach seinem Bilde geprägten Menschen verstanden. Die Weitergabe dieser Wahrheiten in der jüdischen Religion hat die Form interpretierender Schriftgelehrsamkeit.

Theologie hingegen ist der Name der Zentraldisziplin der griechischen Philosophie. In der aristotelischen Version ist Gott das *summum ens,* der ewige unbewegte Beweger der

Welt. Weltschöpfung ist, wie die gesamte Volksreligion, ein mythisches Gleichnis. Die Scholastik rezipiert die aristotelische Lehre, die in ihrem Detailgehalt den Weg zur Wirklichkeit der Welt bahnt. Die Scholastik vereinbart beide Traditionen, indem sie der Philosophie mit ihrer dem natürlichen Licht zugänglichen Theologie gegenüberstellt die Theologie der Offenbarung, als des biblischen Textes. »Natürlich« bedeutet hier de facto »griechisch«, »geoffenbart« bedeutet »biblisch«. Griechischer Philosophie entstammt der Begriff der Ewigkeit; die Theologie der Offenbarung bewahrt wenigstens einen Abglanz der in der Bibel lebendigen Geschichtserfahrung.

Die religiös und philosophisch tiefste Form des griechischen Denkens ist freilich die platonische Philosophie. Ihr ist das Eine sogar jenseits des Seins. In der Auslegung der Welt und seines eigenen Lebens kann sich Gott dem Menschen als Person zeigen. Das ist so wahr, wie der Mensch zu sehen vermag. Eigentlich dürfte man von Gott nicht einmal aussagen, er sei. Die Lehre der Trinität, die biblisch nicht belegt ist, stammt wohl aus der neuplatonischen Philosophie. Diese Philosophie ist ein rein griechisches Gewächs, ohne erkennbaren orientalischen Einfluß. Um so bewegender ist es für uns, ihre innige Verwandtschaft zumal mit der indischen Lehre des Vedanta zu erkennen. Diese Lehren waren die Form, in der sich die in allen Religionen so gleichartige mystische Erfahrung auslegte.

Die protestantische Theologie der letzten hundert Jahre, Harnack und Barth bei allen Differenzen hier in einer Front, hat den Synkretismus in der überlieferten christlichen Gottesvorstellung erkannt. Nietzsches Wort »Gott ist tot« bezeichnet in der Tat das geschichtliche Ende der Überzeugungskraft dieser Gottesvorstellung. Es wäre aber Selbsttäuschung, zu meinen, wir könnten gleichsam durch einen operativen Eingriff die griechische Ontologie aus dem christlichen Denken entfernen und zu einer rein biblischen Theologie (die es so nie gegeben hat) zurückkehren. Eine moderne biblische Theologie kann nicht umhin, eine Deutung der Bibel mit modernen Begriffen zu sein. Hoffen wir auf eine moderne Theologie, so müssen wir die Herkunft und den Sinn der modernen Begriffe verstehen.

Hier hat die Naturwissenschaft die Schlüsselrolle. Sie ist der harte Kern des neuzeitlichen Denkens. Der durch Jahrhunderte immer wieder aufflammende Konflikt zwischen Kirche und Naturwissenschaft beweist vermutlich, daß beide Partner die historische Rolle, die ihnen jeweils zugefallen ist, ernstgenommen haben. In dem nachfolgenden Vortrag »Gottesfrage und Naturwissenschaften« habe ich versucht, Entwicklung und Sinn dieses Konflikts zu verstehen.

Christliches Leben

Die Jünger, die mit dem Herrn gingen, lebten wie wandernde Mönche. Auf ihre Situation passen die Seligpreisungen und Regeln der Bergpredigt, die Vorschriften der Aussendung (Matth. 10) ohne jede Umdeutung. Die Urgemeinde lebte wie eine kleine Sekte in Gütergemeinschaft, die frühe Kirche wie eine wachsende Sekte. Die wohl ein Jahrtausend früher in Indien entstandenen Lebensformen des Einsiedlers und des Mönchsordens fügten sich der Kirche früh und bruchlos ein.

Politisch gesehen ist die Lebensform der frühen Kirche die natürliche für eine junge Religionsgemeinschaft im Großreich. Teilhabe an der politischen Verantwortung war den Propheten in den kleinen Verhältnissen der Königreiche Israel und Juda noch selbstverständlich; im römischen Reich ist sie vorerst unmöglich. Teilnahme am gewaltsamen Aufstand hatte Jesus seinen Jüngern verboten. Die frühen Christen leben inmitten einer Welt, deren ökonomisch-soziale Ordnung auch sie ernährt, von der sie sich spirituell aber abgewandt haben, deren Ende sie erhoffen. Sich selbst soll der Mensch verändern, die Gemeinde der Heiligen ist das Volk Gottes, Weltveränderung liegt nicht in des Menschen, sondern in Gottes Hand. Das Unvorhergesehenste aller Ereignisse, der politische Sieg der Kirche in einer unveränderten Welt, bringt den führenden Köpfen der Kirche eine völlig neue Erfahrung: die Weltverantwortung.

Hier beginnen die anderthalb Jahrtausende christlicher Weltveränderung. Man kann fragen, ob die Dynamik dieser Veränderung nicht eher griechisch-römisches als biblisches Erbe und eigentlich keine christliche Substanz ist. Sie hat sich ja in der Tat nur in der lateinischen Kirche durchgesetzt. Der okzidentale Gedanke, der Mensch könne die Welt nach seinen rationalen Entwürfen gestalten, entstammt altgriechischem Lebensgefühl, griechischer Philosophie; aus der römischen Tradition übernahm ihn die italienische Renaissance, der Legalismus der französischen Könige. Aber gerade den Abendländern, denen konstruktive Weltverantwortung selbstverständlich war, hielten die von der Kirche überlieferten Texte den Spiegel der einst von Jesus verkündeten Verheißung vor. Politisch gesehen kam es damit zu einer immer wiederholten Konfrontation. Jedes Jahrhundert des Mittelalters und der Neuzeit kennt reformistische und revolutionäre – oft gewaltlos revolutionäre – christliche Bewegungen, welche überzeugt waren, die Worte Jesu seien für das Leben hier und jetzt gemeint. Die herrschende Kirche warf ihnen Schwärmertum vor und verwies ihre Hoffnungen ins Eschaton. Indem diese Spannung anhielt, veränderte sich die Welt.

In der Neuzeit wird die Fortschrittsdynamik selbständig und spricht nun die Sprache des Rationalismus; die Kirche

150

läßt sich einseitig in die konservative Rolle drängen, und es entsteht die oben geschilderte Sprachlosigkeit des Kerns der christlichen Wahrheit. Diese Sprachlosigkeit kennzeichnet zumal in den letzten beiden Jahrhunderten die Situation des Säkularismus ebensowohl wie der Kirche. Betrachten wir das der Kirche und der politischen Aufklärung unentrinnbar gemeinsame Thema der radikalen Ethik.* Aufklärerisch-revolutionäre Forderungen wie Freiheit, Gleichheit, Brüderlichkeit, wie soziale Gerechtigkeit, Kommunismus, klassenlose Gesellschaft dürfen sich auf die Worte Jesu, auf die Urgemeinde, auf die radikalen Christen aller Jahrhunderte als Vorläufer berufen. Es ist die Ambivalenz des aufklärerischen Fortschritts, all das Unrecht, gegen das er antritt, doch auch selbst ständig neu zu erzeugen. Christen können verstehen, daß diese Ambivalenz unvermeidlich ist, solange wir die Grunderfahrung der Sünde verdrängen, die auch im Handeln für eine gute Sache gegenwärtig ist. Aber wenn konservative Christen sagen, die Revolutionäre läsen die Bergpredigt als Gesetz und nicht als Evangelium, so kann die Aufklärung antworten, eben durch diesen ideologischen Selbstbetrug bringe die Kirche den Sinn des Gebots, daß es nämlich getan werden soll, im Tiefsinn der Rechtfertigungslehre zum Verschwinden. Welcher Christ kann gegen diese Kritiker den ersten Stein werfen? Vielleicht macht ein Schicksal wie das der Bodelschwinghs in seiner Konkretheit das Gemeinte deutlicher als die abstrakten Erwägungen dieser Aufzeichnung.

Im Urteil der meisten Menschen unserer Zeit hat die Kirche ihre weltgeschichtliche Rolle längst ausgespielt. Sie ist ihnen ein Relikt einer fernen Vergangenheit. Sie ist eine wegen der Anzahl ihrer Anhänger noch immer politisch wichtige Gruppe. Sie füllt mit ihren Symbolen in einer nicht mehr sehr über-

---

* Vgl. *Garten des Menschlichen*, S. 474 f.

zeugenden Weise das metaphysische Vakuum aus, dessen wir zumal angesichts des Todes innewerden. Man respektiert ihre noch immer bewährte Kraft in Verfolgungen, ihren karitativen Einsatz, dann und wann auch ihre Rolle als Unparteiischer in Interessenkonflikten. Man stützt sie, weil sie die Gesellschaft stützt.

Die innerkirchliche Reaktion auf diese Entwicklung ist für die Kirche nicht ohne Gefahren. Die letzten Jahrzehnte haben zuerst einen Ruck zum Modernismus, dann eine fortschreitende traditionalistische Gegenbewegung gebracht. Der Modernismus war als Öffnung des kirchlichen Bewußtseins schlechthin unerläßlich. Seine Gefahr ist wohl vor allem, daß ihm die angstvolle Bewußtseinsenge, gegen die er sich zur Wehr setzt, in manchen seiner Reaktionen und Meinungen, nun mit umgekehrten Vorzeichen, noch immer anhaftet. Es gibt die so natürliche Versuchung, den Vorurteilen der eigenen Zeit nachzulaufen. Es kommt vor, daß die in den alten Symbolen der Kirche angedeuteten Inhalte nicht zur Erfahrung gebracht, sondern auf den Schutt geworfen werden. Die traditionalistische Gegenbewegung aber wäre, wenn sie erfolgreich sein könnte, die größere Gefahr. Sie ist durch die Fehler des Modernismus scheinbar gerechtfertigt. Aber ihr Erfolg würde die Kirche an den Ort ihrer historischen Belanglosigkeit bannen, und er würde die Sektenmentalität züchten, welche die Wahrheit zu wissen meint, weil sie ihre Symbole bewahrt. Dies treibt die Menschen modernen Bewußtseins aus der Teilnahme am kirchlichen Leben aus und schafft damit unter den Bleibenden die Majoritäten, die den eingetretenen Stillstand gutheißen.

Der Stillstand wird aber nicht dauern. Nach den drei Krisenjahrzehnten, die von den beiden Weltkriegen eingerahmt waren, und nach drei Jahrzehnten raschen technisch-ökonomischen Fortschritts und hoher politischer Stabilität in der

Nordhalbkugel, nach dem weltweiten Scheitern der revolutionären Bewegung der jungen Intellektuellen, die vor zehn Jahren von Berkeley über Paris, Frankfurt, Prag, Schanghai bis Tokio lief, befindet sich die okzidentale Kultur in einer schleichenden Bewußtseinskrise, deren Symptome teils Sinnlosigkeit, teils Ratlosigkeit sind. Überall, zumal aber im Süden, stehen wachsende ungelöste Probleme vor uns. Das Bedürfnis nach Sicherung in unseren alten Traditionen ist eine nostalgische, eine Angstreaktion gegenüber der Wirklichkeit, die uns erwartet. In Wahrheit werden lösbare Probleme gerade durch die angstvolle Abwendung von ihnen unlösbar. Es ist mir unvorstellbar, daß Christen, denen das Wort des Herrn noch etwas bedeutet, bei der Angstreaktion beharren werden. Wenn überhaupt jemand, so sollten Christen verstehen, was in der Welt nottut; die Christen in der Dritten Welt gehen uns hierin vielfach beispielhaft voran. Gerade weil die Christen keinen rationalistischen Entwurf der Weltveränderung haben, hindert sie nichts, dort zur Stelle zu sein, wo Menschen gebraucht werden.

7. Gottesfrage und Naturwissenschaften*

Die Naturwissenschaft vor der Gottesfrage: Das bedeutet das Thema, das die Gastgeber dieser theologischen Woche mir für diesen Vortrag gestellt haben. Was heißt das?

Wer ist die Naturwissenschaft? Verstehen wir unter der Naturwissenschaft ein wachsendes System von Erkenntnissen? Kommt dann unter diesen Erkenntnissen heute oder einmal in der Zukunft der Satz vor: Gott ist, oder vielleicht der Satz: es ist kein Gott? Oder verstehen wir unter der Naturwissenschaft eine Gruppe von Menschen, die gemeinsam nach Wissen streben und Mittel der Weltveränderung produzieren? Und stehen diese Menschen, stehen wir Naturwissenschaftler, noch ohne es gemerkt zu haben, schon vor dem Richterstuhl des lebendigen Gottes? Die Physiker haben die Sünde kennengelernt, hat Oppenheimer gesagt.

Was also ist die Gottesfrage? Ist sie unsere Frage, ob Gott ist oder nicht? Ist sie vielleicht unsere reflektierende Frage, was wir denn meinen, wenn wir von Gott sprechen? Oder ist sie die Frage, die Gott uns stellt?

Diese Fragen versuche ich in zwei Schritten auszuarbeiten. Im ersten Schritt beschreibe ich, objektiv, soweit ich das vermag, die geschichtliche Situation der neuzeitlichen Naturwissenschaft angesichts der Gottesfrage. Im zweiten Schritt lege ich Vermutungen vor, die ich über den weiteren Weg der Naturwissenschaft in der Gottesfrage habe. Der erste Teil des Vortrags heißt also: Die neuzeitliche Naturwissenschaft und die Gottesfrage. Der zweite Teil heißt: Wohin führt der Weg?

---

* Vortrag in Tübingen, April 1977.

1. Die neuzeitliche Naturwissenschaft und die Gottesfrage

Gottesfrage kann heißen: unsere Frage nach Gott oder Gottes Frage an uns. Demnach wird sich dieser erste Teil des Vortrags wieder in zwei Teile ungleicher Länge gliedern. Ich beginne mit dem, was uns aus der Gegenwart und der Geschichte bekannt ist, unserer Frage nach Gott. Verfolgen wir sorgfältig unseren Weg angesichts dieser Frage, so schlägt das, was wir wahrnehmen, unversehens, in einer plötzlichen Krise, um in eine Frage, die wir in der überlieferten Sprache der Religion nur Gottes Frage an uns nennen können.

Warum lautet eigentlich das Thema dieser Theologischen Woche »Gottesfrage heute«? Die Gottesfrage ist hier offenbar als unsere Frage nach Gott verstanden. Die Wirklichkeit Gottes, also die Wahrheit der Religion oder gar die Wahrheit des christlichen Glaubens wird dabei nicht schon vorausgesetzt. Sie ist nicht gegebenes Faktum, sondern eine Frage. Das entspricht gewiß dem Bewußtseinsstand der Mehrzahl der heutigen Menschen in den hochindustrialisierten Ländern, und erst recht dem Bewußtseinsstand fast aller Wissenschaftler. Ja, man muß noch weitergehen mit der Skepsis. Warum ist dem Wort »Gottesfrage« das verräterische Wort »heute« angehängt? Die Gottesfrage hat es von jeher gegeben. Schon darum ist sie dem heutigen Bewußtsein, das an den Fortschritt glaubt, verdächtig. Nicht bloß die Antworten, schon die Fragen der Vergangenheit kommen uns überholt vor. Durch den Anhang »heute« wollten unsere Gastgeber wohl die Gottesfrage in den Augen der modernen Menschen von dem Makel befreien, zeitlos und darum irrelevant zu sein. Sie soll als aktuelle Frage erkennbar werden. Ist sie das? Ist die Gottesfrage für die Wissenschaftler aktuell?

Stellt man die Frage so global, so muß die Antwort lauten: Nein, die Gottesfrage ist für die Wissenschaft nicht aktuell.

Diese negative Antwort haben wir aber selbst erzeugt, indem wir von der Wissenschaft, wie man es oft tut, als von einem kollektiven Abstraktum gesprochen haben. Die soziale Gruppe der Wissenschaftler besitzt in der Tat weder in der Summe ihrer anerkannten Erkenntnisse noch im Verhaltenssystem ihrer anerkannten Methode Aussagen über Gott oder ein Verhalten zu Gott. Aber die Abgrenzung wissenschaftlichen Denkens und Handelns gegen andere Denk- und Handlungsweisen ist unscharf; die scheinbare Schärfe dieser Grenzziehung ist nur eine Selbststilisierung, keine vollzogene Tatsache. Diese Stilisierung ist unter dem Titel der Wertneutralität eigens so gemacht, daß Fragen, die man normative Fragen nennen kann, außerhalb der Wissenschaft bleiben. Diese Stilisierung ist selbst eine Norm. Wertneutralität ist, so verstanden, wie die Wissenschaft sie versteht, selbst ein Wert; aber offenbar kann die wertneutrale Wissenschaft den Wert ihrer eigenen Wertneutralität nicht durch wissenschaftliche Argumente rechtfertigen. Die wertneutrale Wissenschaft hat nun durch ihre Selbststilisierung schon vorweg darüber verfügt, daß die Gottesfrage in ihr nicht auftauchen kann; denn die Gottesfrage ist zugleich eine Frage nach dem rechten Handeln und nach dem Sinn des Ganzen und erscheint so unter den Wertfragen. Der Glaube an die Wertneutralität ist aber ein herrschendes, ja ein definierendes soziales Merkmal der heutigen Wissenschaft, der sogenannten scientific community. Deshalb kann innerhalb der Wissenschaft die Gottesfrage nur im individuellen Bewußtsein des einzelnen Wissenschaftlers auftreten, so als sei sie seine private Frage. In der heutigen wissenschaftlich-technischen Welt ist Religion für den Träger des von dieser Welt als allgemeinverbindlich anerkannten Bewußtseins eine Privatsache.

Ist diese Ausklammerung wertbehafteter Fragen und zumal der Gottesfrage aus der Wissenschaft mit dem Wahrheitsanspruch der Wissenschaft vereinbar? Auf diese Frage zielt mein heutiger Vortrag. Jetzt, in seiner ersten Hälfte, akzeptiere ich aber die Wissenschaft so, wie sie sich selbst versteht. Und ich möchte keinen Zweifel darüber lassen: Ich akzeptiere sie zunächst einmal willig so, wie sie sich selbst versteht. Die Wertfreiheit der Wissenschaft ist in meinen Augen zwar keine letzte Wahrheit, aber ein hoher ethischer Wert; nur durch sie hindurch kann man heute gehen, wenn man über sie hinauskommen will. Übung in wertfreier Analyse bedeutet für jeden von uns zunächst eine Schulung in der Distanz von sich selbst, also einen Schritt auf dem Weg zur menschlichen Reife. Sie zielt auf Überwindung des Wunschdenkens, auf Einübung der Selbstkritik, auf Distanz zur eigenen Ideologie, auf Erwachsenwerden. Dies ist ihr Wert für jeden Einzelnen. Und der Menschheit im ganzen vermittelt das gegenwärtige wissenschaftliche Zeitalter eine völlig neue Stufe der Einsicht im Umgang mit der Wirklichkeit. Diese Einsicht verlangt freilich Opfer gewohnter Denkweisen, sie tut weh. Der Schmerz ist der Weg zur inneren Freiheit. Erst der freigewordene Mensch kann prüfen, ob er nicht zuviel geopfert, das Kind mit dem Bade ausgeschüttet, für das verlassene Vaterhaus die Wüste eingetauscht hat. Die Rückkehr in die Kindheit ist auch dann nicht möglich, wohl aber die beginnende Wahrnehmung eines Ganzen. Diese zunächst wohl etwas rätselhaft klingenden Sätze werden deutlicher werden, wenn wir uns den einzelnen Wissenschaften zuwenden, am Leitfaden ihres realen, die Stilisierung der Neutralität überspielenden Verhältnisses zur Gottesfrage.

Hier beschränke ich mich auf das mir gestellte Thema der Naturwissenschaften, beziehe freilich die durch das Vorbild der Naturwissenschaft tief geprägten Sozialwissenschaften samt der Psychologie mit ein. In der heutigen Weltsprache, im Englischen, tragen diese den gemeinsamen Namen science.

The humanities, die Geisteswissenschaften, bespreche ich heute nicht. Auch Philosophie und Theologie mache ich heute nur soweit zum Thema, als dieser Vortrag selbst ein Stück philosophischer Theologie ist. Im so abgegrenzten Bereich betrachte ich drei Schwerpunkte: erstens die Physik, zunächst nur als Repräsentanten der Wissenschaft von der anorganischen Natur, zweitens die Biologie, in deren Ausstrahlungsfeld auch die naturwissenschaftliche Medizin liegt, und drittens die Wissenschaften vom menschlichen Verhalten, unter welchen Soziologie und Psychologie heute in einem Brennpunkt des Interesses stehen. Wie verhalten sich durchschnittliche Angehörige dieser drei Fächergruppen zur Religion, zur Gottesfrage? Vielleicht mag jeder von ihnen, die Sie hier sitzen, sich selbst und seine Bekannten auf diese Frage hin prüfen. Ich gebe Ihnen jetzt nur meinen persönlichen Eindruck. Die durchschnittliche Haltung heutiger Physiker zur Religion scheint mir agnostisch, aber offen zu sein. Meinem Eindruck nach sind bewußt antireligiöse Überzeugungen bei Physikern seltener als etwa bei Molekularbiologen, und gewiß viel seltener als bei Soziologen.

Wenn das so ist, warum ist es so?

Physik und Astronomie haben ihren welthistorischen Kampf mit der überlieferten Glaubenslehre im 17. Jahrhundert ausgefochten. Sie haben ihn längst gewonnen. Bis auf ein paar fundamentalistische Rückzugsposten hat sich ein schiedlich-friedliches Verhältnis zwischen Physik und Theologie eingespielt. In der protestantischen Theologie unseres Jahrhunderts fiel es weder Barth noch Bultmann schwer, der Physik die Natur zu überlassen, wenn die Physik nur der Theologie den Menschen nicht streitig machte. Andererseits reicht bis in unser Jahrhundert, bis zu Einstein und Heisenberg, die Reihe der Physiker, die in der Erkenntnis der Gesetze der Natur eine in ihrem Kern religiöse Erfahrung machten; eine Erfahrung, die Kepler, protestantisch-neuplatonischer Christ des 17. Jahrhunderts, noch als das Nachdenken der Schöpfungsgedanken Gottes beschrieb.

Die Biologie hat ihren welthistorischen Konflikt mit der überlieferten Kirchenlehre im 19. Jahrhundert begonnen, durch Darwins Abstammungs- und Selektionstheorie. Dieser Konflikt legt den Verdacht nahe, daß es sich bei dem Frieden zwischen Physik und Theologie nur um einen Waffenstillstand auf einem noch peripheren Kriegsschauplatz handelt. Die Abstammungslehre haben die Theologen zwar heute auch akzeptiert, freilich ohne, wie mir scheint, die Konsequenz der Brüderlichkeit zu unseren Mitkreaturen ernstlich zu durchdenken; man meint wohl, sich von unseren tierischen Vorfahren, soweit sie noch nicht reden konnten, problemlos distanzieren zu können. Aber der harte Kern der modernen Biologie ist ihr Physikalismus. Die kirchliche Theologie hat den biblischen Schöpfungsbericht aristotelisch interpretiert und hat Gott der Natur gegenüber wie einen behutsamen Gärtner gesehen. Die Zweckmäßigkeit in der Natur erschien ihr wie der direkte Ausdruck eines planenden Geistes. Aber die Selektionstheorie lehrt uns sehen, wie unzählig viele Individuen im Kampf ums Dasein zugrundegehen mußten, ehe ein Schritt vorwärts in der Evolution sich durchsetzte. Sie lehrt uns den Tod als Preis des Fortschritts verstehen, ja Individuation und Tod als zwei Gesichter desselben Prinzips. Sie läßt uns einen Blick in die Natur tun, der den Einsichten Buddhas über die Allgegenwart des Leidens näher ist als dem beruhigten christlichen Aristotelismus. Ein so glaubwürdiger, brennender Christ wie Reinhold Schneider ist in seinem letzten Lebensjahr durch den Einblick in die Grausamkeit der organischen Natur an seinem bisherigen Bild von Gott irre geworden. Ein so kenntnisreicher Biologe wie Monod hat im Namen des kosmischen Zufalls dem religiösen Weltbild den Krieg erklärt. Und wer den zynischen Gesprächston eines Ärztekasinos kennt, weiß von der Ernüchterung, die ein kausales Verständnis der somatischen Bedingtheit menschlichen Erlebens und Verhaltens mit sich bringt.

Soziologie und Psychologie führen einen zentralen Angriff. Sie machen den Menschen zum Gegenstand ihres Studiums, sein Verhalten und natürlich auch seine Ansichten. Warum glauben wir Menschen das, was wir glauben? Zunächst, weil wir es so gelernt haben. Und warum hat man es uns gelehrt? Weil frühere Generationen die Erfahrung gemacht haben, daß dieser Glaube die Gesellschaft stabilisiert und dem Einzelnen einen Rahmen der Selbstinterpretation, einen Deutungsrahmen seiner Identität gibt. Aber offensichtlich leisten dies sehr verschiedene Glaubensinhalte. Ich habe als vierzehnjähriger Bub verstanden, daß meine lutherische Herkunft kein Argument sein konnte, den Glauben meiner katholischen Mitschüler für irrig zu halten. Dasselbe gilt offensichtlich für unser Christentum gegenüber dem Islam oder dem Buddhismus, vielleicht sogar für die Religion gegenüber einem sozialistischen Atheismus. Die Ideologiekritik gehört zu den Denkmöglichkeiten, die wir nicht mehr ehrlich von uns werfen können, wenn wir sie einmal verstanden haben. Wer kann leugnen, daß Religion ihre historische Rolle als Herrschaftsinstrument gespielt hat? Herrschaft mag nötig sein. Aber ist, wer die Religion durch das Bedürfnis nach ihr verteidigt, nicht schon zu dem Zyniker geworden, den die Wahrheit seines Herrschaftsinstruments weniger interessiert als sein Erfolg? Was unterscheidet die Meinungsmanipulation der Großkirchen von derjenigen des Großkapitals oder der kommunistischen Parteien, den Konformitätszwang in der pietistischen Gruppe vom Ritual des Medizinmanns bei den Primitiven? Die Schwäche der heute üblichen Ideologiekritik liegt ja doch nur darin, daß ihre Vertreter ihrer eigenen Ideologie gegenüber so kritiklos sind, d. h. daß sie ihrerseits den Sinn der Ideologiekritik, nämlich Selbstkritik zu sein, so unvollkommen praktizieren. Dies freilich ist für einen Psychologen nicht überraschend.

Der tiefste Angriff verbirgt sich nicht in der Soziologie, einem letztlich dann doch leicht durchschaubaren Denkschema, sondern in der Psychologie des Unbewußten. Freud spricht einmal von den drei Kränkungen, welche die Wissenschaft dem menschlichen Ich angetan habe: Kopernikus, der uns aus dem Weltzentrum an einen peripheren Ort verwies, Darwin, der uns zu Vettern der Tiere machte, über die wir uns bis dahin erhaben deuchten, und die Psychoanalyse, die das Ich endlich darüber belehrt, wie wenig es Herr im eigenen Hause ist. Welcher Traum wird hier eigentlich zerstört? Kopernikus und Darwin mögen die in die Form frommer Annahme der göttlichen Weltordnung gekleidete elitäre Selbstbeurteilung der menschlichen Meinungsmacher, der Theologen und Philosophen bloßgestellt haben. Was Freud trifft, ist der Herrschaftstraum des Ich gegenüber den Affekten, die stoische Überzeugung vom *liberum arbitrium*. Man braucht den einzelnen Produktionen der mythenbildnerischen Phantasie des einsamen Forschers Sigmund Freud nicht zu folgen und muß doch zugeben, daß er als Sprecher einer modernen Erkenntnisstufe recht hat. Die abendländische Tradition hat der räsonierenden Vernunft eine herrschende Rolle gegenüber den Affekten zugeschrieben; sie hat die Vernunft der Affekte nicht sehen mögen. Sie hat im vernünftigen Menschen den nach Gottes Bild geschaffenen Menschen gesehen, und der Verdacht liegt nahe, daß sie das Bild Gottes so ausgeprägt hat, weil dies Bild der Stabilisierung der Herrschaft des Ich über die Affekte dienlich war. Die Kränkung der Religion, die Lästerung Gottes, die man dem Psychologen vorwirft, ist vermutlich deshalb so verletzend, weil sie eigentlich eine Kränkung des menschlichen Ich ist, das dieses Gottesbildes bedarf.

Alles, was ich hier über Biologie, Soziologie und Psychologie gesagt habe, eilt aber in einem entscheidenden Punkte dem Bewußtsein der neuzeitlichen Naturwissenschaft und der Neuzeit überhaupt, deren harter Kern die Naturwissenschaft ist, voraus. Ich habe hier den Menschen, das Ich, als Objekt der Wissenschaft, als von ihr erkannten Menschen betrachtet, und dieses Erkanntwerden ernüchtert, ja demütigt ihn. Eben darum ist diese Erkenntnis im allgemeinen Bewußtsein nur unvollständig vollzogen; sie steht unter einem Verdrängungsdruck. Schon längst aber kennt sich der Mensch als Subjekt der Wissenschaft, als den erkennenden Menschen, und damit als Träger des Fortschritts, als Subjekt der Macht; denn Wissen ist Macht. Physik und Chemie haben die neuere Technik möglich gemacht, naturwissenschaftliche Medizin die Lebensverlängerung. Der Mensch ist Herr der Erde geworden. Diese Herrschaft ist dem wissenschaftlichen Zeitalter nicht zufällig zuteil geworden. Die Begrifflichkeit der Naturwissenschaft ist selbst machtförmig. Diese Wissenschaft stellt Gesetzeshypothesen auf und testet sie durch ihre Fähigkeit der Vorhersage. Wer aber Gesetze kennt, die das Ergebnis von Experimenten vorherzusagen gestatten, der kann selbst Zukunft gestalten; er hat Macht. Die durch die Wissenschaft ermöglichte moderne Kultur ist eine Wissens- und Verstandeskultur. Der Mensch dieser Kultur ist zuversichtlich, selbstbewußt, und gegenüber älteren Kulturen, die noch nicht konnten, was er kann, im Grunde verachtend. Er lebt in der Traumwelt, in der er selbst außerhalb der Gesetze zu stehen scheint, die er erforscht. Die demütigende Selbsterkenntnis hat ihn noch nicht erreicht. Dieser Optimismus der Willens- und Verstandeswelt braucht Gott nicht. Er braucht, nach einem berühmten Diktum von Laplace, die Hypothese Gott nicht in der Naturerklärung; die Wertfreiheit der Wissenschaft wehrt solche metaphysischen Regressionen ab. Er erkennt Gott als symbolischen Repräsentanten derjenigen Sozialsysteme, die den Menschen unmündig hielten, um ihn beherrschen zu können.

Treten wir einen Schritt zurück! Welches Bild bietet uns die neuzeitliche Wissenschaft angesichts der Gottesfrage? Ich habe versucht, ein objektives Bild zu zeichnen. Aber Objektivität ist hier schwer, denn das Bild ist uneinheitlich. Welche seiner widerspruchsvollen Züge sind die wesentlichen?

Vielleicht ist gerade diese Uneinheitlichkeit ein wesentlicher Zug. Ist sie nur eine Folge der Ausklammerung der Gottesfrage aus der Thematik wertneutraler Wissenschaft? Spiegelt sich in ihr nur der private und insofern beliebige Charakter alles dessen, was Wissenschaftler über Religion denken? Ich glaube das nicht. In Wahrheit kann die Wissenschaft weder in ihrer Haltung noch in ihren Themen der Konfrontation mit der Haltung und den Themen der Religion entgehen. Und die Religion darf, so scheint mir, den durch die Wissenschaft erzeugten Schein der Neutralität nicht dulden. Sie muß die Wissenschaft fragen: Weißt du denn, was du tust?

Im Verhältnis der Wissenschaft zu Gott spiegelt sich, wenn ich es richtig gelesen habe, das Verhältnis des neuzeitlichen Menschen zu sich selbst. In der Uneinheitlichkeit dieses Verhältnisses spiegelt sich dann ein Grundphänomen der Neuzeit, die Ambivalenz des Fortschritts. Was soll das heißen?

Ich habe die Naturwissenschaft als den harten Kern der Neuzeit bezeichnet. Das entspricht für den größten Teil der neuzeitlichen Jahrhunderte nicht dem Selbstverständnis der Träger dieser Kultur, der Adligen und Bürger, der Künstler und religiösen Eiferer, der Aufklärer und Revolutionäre, der Kaufleute und Industriellen, der Liberalen und Sozialisten. Aber als neu, als fortschrittlich, haben sich freilich die meisten von ihnen verstanden. Die Naturwissenschaft erweist sich zunächst nur insofern als der harte Kern, als sie dem Zweifel am Fortschritt am fraglosesten widersteht. Forschung ist Fortschritt der Erkenntnis, und wer dürfte ihr diesen Fortschritt absprechen? Und dann enthüllt sich eben die Machtförmigkeit ihrer Erkenntnisweise als der Kern der Macht des neuzeitlichen Menschen über die Natur, über die älteren Kulturen, vielleicht über sich. Und in diesem »vielleicht« meldet sich die Ambivalenz des Fortschritts.

Was ist die Erfahrung der Ambivalenz? Es gibt die Ambivalenz der Wunscherfüllung, ein bekanntes Märchenmotiv. Unsere Wünsche erfüllen sich, und siehe, der erfüllte Wunsch erweist sich als etwas ganz anderes als was wir eigentlich gewollt haben. Dem Psychologen enthüllt sich damit vielleicht eine Ambivalenz der Wünsche: Wollen wir denn das, was wir zu wollen glauben? Muß ich Beispiele geben? Die Kunst, oft der sensibelste Seismograph einer Kultur, zeigt in unseren Tagen fast nichts anderes als die Entlarvung von Ambivalenzen – so penetrant, daß man meinen sollte, wir hätten es nun bald verstanden. Die Ideologiekritik enthüllt die Ambivalenz wenigstens beim jeweiligen Gegner: sie sagen Christus und meinen Kattun, sie sagen Freiheit und meinen Erdöl, sie sagen Sozialismus und meinen ihre Herrschaft. Tiefer dringt noch die Selbstkritik der Folgen guter Absichten. Wir wollten Wohlstand, für uns selbst, gewiß, aber doch auch für alle, und wir erzeugen die Zerstörung der Kulturlandschaft. Hygiene und Medizin wollten Leben retten und erzeugen die Bevölkerungsexplosion. In der Physik hat meine Generation in erschütternder Weise die Ambivalenz der Wahrheitssuche erlebt. Wir suchten die Gesetze der Atomkerne und fanden die Bombe.

Das prophetische Wort wendet sich nicht an die entschlossenen Bösen, wenn es solche überhaupt geben sollte. Es deckt vielmehr die Ambivalenz auf. Es wendet sich an jeden von uns in seiner Zweideutigkeit, an die Kultur, an die Gesellschaft in ihrem Widerspruch. Hier kehrt sich die Fragerichtung um: Gott fragt uns.

Kann der Naturwissenschaftler, wenn er intellektuell redlich bleibt, in seinem neuzeitlichen Bewußtsein diese Frage noch hören? Nur vor diesem Hintergrund ist ein Dialog von Wissenschaft und Christentum heute sinnvoll. Es ist weder wichtig, den alten Streit zwischen Kirche und Wissenschaft fortzuführen, noch ist es wichtig, ihn beizulegen. Es ist wichtig, andere Fragen zu stellen.

Der Christ soll den Naturwissenschaftler fragen, ob das, was er der Welt antut, nicht vielleicht objektiv verbrecherisch ist. Er soll ihn fragen, nicht anklagen. Nur die Selbstanklage eröffnet die Quellen der Gnade; gegen eine fremde Anklage kann und darf man sich verteidigen. Er soll fragen, ob sein Handeln objektiv, nicht subjektiv verbrecherisch ist; die erlösende Erfahrung der Sünde beginnt, wo wir die Schuld für unser objektiv böses Handeln zu übernehmen lernen, obwohl unsere subjektive Intention nicht böse war. Eine durch diese Erfahrung hindurchgegangene Wissenschaft könnte zu sich selbst finden. Eine gegen diese Erfahrung abgeschirmte Wissenschaft ist gezwungen, sich selbst zu belügen; sie wird eigentlich böse.

Der Naturwissenschaftler aber muß den Christen fragen, ob er das moderne Bewußtsein vollzogen hat. In der Theologie der letzten zwanzig Jahre ist viel von diesem zuvor versäumten Vollzug nachgeholt worden. Hier wurde freilich zum Teil das moderne Bewußtsein zu naiv so akzeptiert als wäre es selbst schon die Wahrheit. Aber als Abbau einer durch Angst bedingten unhaltbaren kirchlichen Selbstbehauptung war der Vorgang notwendig. Vielleicht gilt für die heilsame Selbstanklage der Kirche mutatis mutandis dasselbe wie für die heilsame Selbstanklage der Wissenschaft. Es ist keine Schande und keine Gefährdung, zuzugeben, daß die gedanklichen Probleme zwischen religiöser Wahrheit und modernem Bewußtsein ungelöst sind.

2. Wohin führt der Weg?

Bis hierher konnte ich versuchen, den Weg der Wissenschaft, wenngleich aus meinem subjektiven Blickwinkel gesehen, doch als objektives Geschehen nachzuzeichnen, als eine Kette interpretierter historischer Fakten. Von nun an spreche ich von den in diesen Fakten implizierten Möglichkeiten für den weiteren Weg der Wissenschaft. Für die Sichtweise, die eben diese Möglichkeiten zu erkennen meint, muß ich in noch höherem Maße die Verantwortung allein übernehmen.

Ich knüpfe noch einmal an die Wertneutralität der Wissenschaft an. Von dieser habe ich gesagt, sie sei nicht eine letzte Wahrheit, aber ein hoher Wert, der Wert einer Schule der Distanz gegen die eigenen Wünsche. Nun frage ich, was ihr zur vollen Wahrheit fehlt. Sie ist, so scheint mir, nicht philosophisch, d. h. sie kennt sich selbst nicht, und versucht nicht, sich selbst zu kennen. Der Begriff von Philosophie, den ich hier benütze, läßt sich durch die einfache Formel andeuten: Philosophieren heißt weiterfragen. Es heißt insbesondere zurückfragen nach den eigenen Voraussetzungen. Das Verhältnis der Philosophie zur sogenannten positiven Wissenschaft läßt sich auf die Formel bringen: Philosophie stellt diejenigen Fragen, die nicht gestellt zu haben die Erfolgsbedingung des wissenschaftlichen Verfahrens war. Damit ist also behauptet, daß die Wissenschaft ihren Erfolg unter anderem dem Verzicht auf das Stellen gewisser Fragen verdankt. Diese sind insbesondere die eigenen Grundfragen des jeweiligen Fachs. Die

Physik fragt normalerweise nicht, was Natur, was Raum, Zeit, Gegenstand eigentlich ist, die Biologie fragt normalerweise nicht, was Leben ist, die Psychologie nicht, was man mit Seele meint, was Bewußtsein eigentlich ist. So fragt auch die ganze Wissenschaft normalerweise nicht, was Wert und Wertfreiheit ist. Es wird aber zugleich behauptet, daß diese Fragen sinnvoll sind. Historisch gesehen sind sie die typischen Krisenfragen der Wissenschaft, Fragen, die in der Selbstbesinnung einer Krise auftauchen, bis sie in der Beruhigtheit eines neuen Plateaus des Fortschritts wieder vergessen werden.

Der Hinweis auf die Rolle der philosophischen Fragen als Krisenfragen der Wissenschaft zeigt schon, daß Wissenschaft und Philosophie nicht getrennte Gebiete, sondern eher verschiedene Motive und Verhaltensweisen in der Wahrheitssuche sind. Auf das Nichtstellen der Grundfragen hat in der Wissenschaftsgeschichte neuerdings Thomas Kuhn hingewiesen. Die normale Wissenschaft wendet ihre Problemlösungsmodelle, ihre erfolgreichen Paradigmen an und stellt sie eben darum nicht in Frage; in Frage gestellt werden sie, wenn eine wissenschaftliche Revolution einen Paradigmenwechsel erzwingt. Die wissenschaftliche Revolution ist der Ort, an dem die Wissenschaft zum zeitweiligen Philosophieren genötigt wird. Heisenberg hat schon vor Kuhn denselben Vorgang als Übergang von einer abgeschlossenen Theorie zu einer neuen, umfassenderen abgeschlossenen Theorie beschrieben, so etwa von der klassischen Mechanik zur Relativitätstheorie und, in anderer Richtung, zur Quantentheorie. Dabei zeigt sich eine Kontinuität der Phänomene bei diskontinuierlichem Wechsel der Grundbegriffe. Die klassische Mechanik ist als mathematischer Grenzfall in der Relativitätstheorie enthalten und, obwohl das mathematisch etwas komplizierter ist, auch in der Quantentheorie. Aber dem klassischen Physiker ist die Existenz objektiv gleichzeitiger Ereignisse an entfernten Orten, also die Objektivität des Raumes selbstverständlich, die der Relativitätstheoretiker als bloße Festsetzung eines Bezugssystems erkennt. Das Weltbild der klassischen Physik besteht aus objektiven Gegenständen in Raum und Zeit; die von Bohr und Heisenberg interpretierte Quantentheorie erkennt in ihnen Gegenstände *für* den Beobachter. Die neue Theorie erklärt jeweils die Leistung der alten Theorie, die von der alten Theorie als quasi selbstverständlich vorausgesetzt war. Sie erklärt diese Leistung aber, indem sie sie relativiert, auf einen Bereich genäherter Geltung einschränkt. Die Phänomene werden in einer großen wissenschaftlichen Revolution gerettet unter Opferung eines Weltbildes.

Ich vermute nun, daß auch die gesamte neuzeitliche Naturwissenschaft ein Paradigma menschlichen Verhaltens ist, und zwar ein Paradigma, dessen adäquate gedankliche Form die abschließbare Theorie ist. Haben wir die gedanklichen Mittel, diese Verhaltensweise, die Naturwissenschaft heißt, als ganze zu beschreiben? Ich habe die Denkweise der Naturwissenschaft machtförmig genannt. Dabei gebrauche ich den Begriff der Macht zunächst deskriptiv und versuche, Wertungen, die sich bei diesem Wort aufdrängen, vorerst noch fernzuhalten. Macht ist Möglichkeit, so wie sie sich einer Willens- und Verstandeskultur darstellt. Verstand nenne ich hier die Fähigkeit, begrifflich zu denken. Als Begriff bezeichne ich eine Regel, Einzelfälle einem allgemeinen Schema unterzuordnen, so daß im Prinzip für jeden Einzelfall entscheidbar sein sollte, ob er unter das Schema fällt oder nicht. Entscheiden ist ein Willensakt. In diesem Sinne kann der Verstand denken, was der Wille wollen kann, und kann der Wille wollen, was der Verstand denken kann. Naturgesetze sind universale Urteile, d. h. Aussagen, welche die allgemeine Anwendbarkeit bestimmter Begriffe behaupten. Naturgesetze sind Hypothesen, die nie in der Allgemeinheit, in der sie Geltung beanspruchen, durch

Erfahrung verifiziert sind. Wie Popper hervorgehoben hat, stellen sich unsere Gesetzeshypothesen aber der empirischen Falsifizierung. Damit ein Urteil wissenschaftlich sei, müssen wir angeben können, was der Fall sein müßte, damit wir zugeben würden, daß es widerlegt ist. Überzeugungen, die sich aus jeder entgegenstehenden Erfahrung durch Neuinterpretation herauswinden können, sind keine Wissenschaft. Gerade in der Falsifizierbarkeit erweist sich Wissenschaft als machtförmig, als instrumental. Verständige Macht kann nur üben, wer seinen eigenen Erfolg, distanziert von seinen Wünschen, zu kontrollieren vermag.

Macht ist zugleich ein politischer Begriff. Anthropologisch gesehen erscheint mir Macht als dasjenige Ingrediens politischer Herrschaft, das im Unterschied zu Rangordnung, die schon tierisches Erbe ist, dem Menschen eigentümlich ist. Macht ist ein Humanum. Sie beruht eben auf dem Begriff, auf unserem Vermögen zur allgemeinen Vorstellung vieler Einzelfälle. Der Begriff gestattet die Vorsorge gegen Gefahren, er gestattet die Akkumulation von Mitteln für Zwecke, ökonomisch spezialisiert gestattet er die Akkumulation von Kapital. Die Akkumulation von Mitteln ist im Prinzip unbegrenzt, aber gegen Naturgefahren und für natürliche Bedürfnisse genügt eine begrenzte Menge von Mitteln: von Waffen, Werkzeugen, Nahrungsmitteln. Zweckrational wird unbegrenzte Machtakkumulation erst als Mittel gegen die Machtakkumulation eines anderen Menschen, einer anderen sozialen Gruppe, die ihrerseits ja ebenfalls unbegrenzt gesteigert werden kann. Diese unbegrenzte Mittelakkumulation ist einer der Hauptmotoren des Fortschritts, sie ist zentral für die neuzeitliche Kultur. Die naturwissenschaftliche Denkweise – bis in die Sozialtechnologie hinein – ist der wichtigste Träger dieser Art des Fortschritts. Darin ist sie der harte Kern der Neuzeit und ein Symbol des Machterlebens des modernen Menschen.

Politische Macht ist aber wesentlich ambivalent. Sie ist nahezu gezwungen, am Ende das zu verfehlen, was sie erstrebt. Das klassische Beispiel ist der stets von neuem eintretende Rüstungswettlauf souveräner Mächte. Die Forderung des Gleichgewichts, es solle für jeden Partner eines Mächtesystems eine Rüstung gefunden werden, die ihn gegen alle anderen verteidigungsfähig macht, hat im allgemeinen keine Lösung; der Rüstungswettlauf steigt üblicherweise bis zur ökonomischen Unerträglichkeit und schlägt periodisch in Krieg um. Die Tragik der Macht ist das Thema der großen politischen Dichtung seit Äschylus. Es sei mir erlaubt, hier in Tübingen einige Zeilen von Hölderlin, ebenfalls über die Niederlage des Xerxes, zu zitieren:

> . . . und fort in die fliehende Menge gerissen
> Eilt er, ihn treibt der Gott, es treibt sein irrend
> Geschwader
> Über die Fluten der Gott, der spottend sein eitel
> Geschmeid ihm
> Endlich zerschlug und den Schwachen erreicht' in der
> drohenden Rüstung.

Dasselbe Urteil Gottes über die menschliche Macht können Sie im Alten Testament lesen, oder, mit dämonischen Mächten statt des Himmelsgottes, in Shakespeares Macbeth.

Der Kern der Tragik der Macht ist aber nicht der vorprogrammierte Mißerfolg des unendlichen Wettlaufs, ein Mißerfolg, der durch vorausschauende Planung immer einmal wieder, oft um Jahrhunderte, hinausgeschoben werden kann. Der Kern der Tragik ist die Ambivalenz des Ich, der Selbstwiderspruch des Herrschaftsanspruches des einen Ich gegen die Andern und, im Individuum, des verständig-wollenden Ich gegen die Wahrnehmung durch die Affekte und gegen die

Wahrnehmung des Ganzen, die man Vernunft nennen darf. Hier belehrt uns nun die ernüchternde Denkweise der Naturwissenschaft, die den Menschen zum Gegenstand ihres kausalen Studiums macht. Ich plädiere also auf dieser Stufe für den Wahrheitsgehalt der naturwissenschaftlichen Ernüchterung, gegen den Schmerz über diese Ernüchterung, der sich in romantisch-bewahrende Philosophien flüchtet. Die kausale Natur- und Humanwissenschaft führt jene Entgötterung der Wirklichkeit weiter, die mit im einzelnen verschiedener Begrifflichkeit die biblische Religion, die griechische Philosophie und die buddhistische Erkenntnis begonnen haben.

Die Evolutionstheorie versteht das selbsterhaltende Individuum nicht als etwas ursprünglich Gegebenes, sondern als eine evolutionsfördernde »Erfindung der Natur«. Wenn einmal aktiv selbsterhaltende Individuen aufgetreten waren, so setzten sie sich in der Konkurrenz gegen primitivere Formen organischer oder prä-organischer Materie naturgemäß durch. Aber mit der Individuation wird der Tod notwendig. Nicht nur, weil erst für ein selbsterhaltendes Wesen so etwas wie Tod ein möglicher Hergang, ein sinnvoller Begriff ist. Vielmehr wird sich eine Spezies um so rascher und anpassungsfähiger weiterentwickeln können, je mehr Mutanten sie in der Zeiteinheit ausprobieren kann. Ceteris paribus wird die Spezies mit kurzlebigeren Individuen derjenigen mit längerlebigen Individuen in der Evolutionsfähigkeit überlegen sein. Also ist zu erwarten, daß in denjenigen Abstammungslinien, die sich seit Jahrmilliarden durchgesetzt haben, todbringendes Altern jedes Individuums intern ebenso vorprogrammiert ist wie sein Wachstum, seine Geschlechtsreife, sein soziales Verhalten. Das bewußte Ich nun ist dasjenige psychische Organ, durch welches das Individuum seine zu erhaltende Identität in der Ebene des Verhaltens – bei reflexionsfähigen Wesen in der Ebene des reflektierten Verhaltens – steuert. Das

Ich ist ein Organ, ein Organon, ein Werkzeug einer umfassenderen, man darf sagen einer tieferen Wirklichkeit. Das Ich ist zugleich der Träger der bewußten, zumal der begrifflichen Erkenntnis. Sein Machttrieb ist Selbsterhaltungstrieb. Seine Ambivalenz zeigt sich darin, daß ihm bestimmt ist, zu erkennen, daß sein eigener Tod unausweichlich ist.

Sie sehen, ich stelle hier Phänomene, die der Religion, der Kunst, der existentiellen Philosophie vertraut sind, als Folgen naturwissenschaftlich verständlicher Evolutionsvorgänge dar. Ich erläutere die längst bekannten Strukturen unserer Existenz im Paradigma der Naturwissenschaft. Ich könnte unter dem Titel »biologische Präliminarien zur Logik« zeigen, wie das Denkschema des Begriffs seine Vorläufer in tierischen Verhaltensmustern hat. Diese tierischen Verhaltensmuster sind gerade deshalb erfolgreich, weil sie auf universelle Anwendbarkeit und auf zuverlässige Ja-Nein-Entscheidung im Einzelfall angelegt sind, also, logisch gesagt, auf prädikative Struktur und Zweiwertigkeit. Die Weise, in der wir die Natur erkennen, ist selbst in der Geschichte der Natur, nämlich in der Geschichte unserer physischen Verfahren, vorgeprägt. Die Evolution ist gerade gemäß der Selektionstheorie selbst erkenntnisförmig; sie akkumuliert Information. Das kann man bei Lorenz und bei Popper nachlesen.

In diesen Überlegungen habe ich von der physikalistischen Biologie einen völlig unbefangenen Gebrauch gemacht. In der Tat habe ich die Vorbehalte gegen den Physikalismus der Biologen, Vorbehalte, mit denen ich noch wissenschaftlich erzogen worden bin, im jahrzehntelangen Umgang mit biologischen Gesprächspartnern vollständig abgebaut. Dies ist mir freilich deshalb leichtgefallen, weil ich das philosophische Problem des Physikalismus in genau entgegengesetzter Fragerichtung sehe als der übliche Materialismus, und ganz anders als der uns allen durch Erziehung überkommene cartesische

Dualismus. Als Physikalismus könnte man die These bezeichnen, daß die Gesetze der Physik universal gelten, und daß, auch im organischen Leben, keine Naturgesetze gelten, die nicht prinzipiell aus den universalen Gesetzen der Physik durch Spezialisierung herleitbar wären. Was aber sind die Gesetze der Physik? Als Quantentheoretiker muß ich sagen: Sie sind prognostische Regeln, welche die Wahrscheinlichkeit jedes möglichen Ausfalls jedes möglichen Experiments anzugeben gestatten. Wenn ich mich jetzt an die soeben gegebene operative Deutung des begrifflichen Denkens erinnere, so kann ich, freilich unter Überspringung einiger Zwischenschritte, sagen: Die Gesetze der Physik sind die Regeln des Gebrauchs von Begriffen in der Erfahrung. Sie formulieren, kantisch gesagt, die Bedingungen der Möglichkeit objektivierender Erfahrung. Ist dies wahr, so dürfte es uns nicht wundern, wenn die Gesetze der Physik zugleich die Grundgesetze der Biologie wären; sie würden dann nur besagen, daß Biologie als objektivierende Wissenschaft möglich ist.

Aber diese Wendung ist eine Umkehrung der traditionellen Fragerichtung der Naturwissenschaft. Man möge daher verstehen, daß ich das Verhältnis der Naturwissenschaft zur Gottesfrage nicht in einer für mich selbst überzeugenden Weise erörtern kann, ohne die Frage nach der Wahrheit dieses soeben zitierten Gedankens zu stellen. Ich möchte diesen Gedanken daher in dreifacher Hinsicht wenigstens andeutend erläutern: im Blick auf die Beschreibung des naturwissenschaftlichen Paradigmas, im Blick auf den Inhalt der Physik, und im Blick auf die Einheit des Subjekts. Jede der drei Hinsichten berührt zugleich eine theologische Frage.

Beschreibung des naturwissenschaftlichen Paradigmas. In dem Gedanken, die Gesetze der Physik seien Bedingungen möglicher Erfahrung, steckt zunächst die philosophische Reflexion, die Rückwendung von der naiv-gegenständlichen

Einstellung der naturwissenschaftlichen Praxis zu den Bedingungen, unter denen gegenständliche Erkenntnis möglich ist. Konrad Lorenz studiert, anschließend an die Erkenntnisförmigkeit des Lebens, den Erkenntnisapparat des Menschen als funktionierenden physiologisch beschreibbaren materiellen Apparat; er studiert die »Rückseite des Spiegels«. Der jetzt erörterte Gedanke akzeptiert alles, was wir auf diesem Wege über den Erkenntnisapparat lernen können, und fügt nur das eine hinzu, daß wir auch die Rückseite des Spiegels nur gespiegelt kennen; daß auch unsere Erkenntnis des Erkenntnisapparats eben Erkenntnis durch uns ist. Nun ist aber die Zerlegung des Geschehens durch die Ja-Nein-Entscheidungen der Logik, durch seine Spiegelung im Begriff nicht das einzige Verhalten zur Wirklichkeit, dessen wir fähig sind. Unmittelbarer ist die Wahrnehmung in der Gestalt des der spontanen Handlung eingebetteten Affekts. Man kann von der Vernunft der Affekte sprechen. Viktor v. Weizsäcker hat betont, daß die unmittelbar gegebene Welt keineswegs eine Welt der Gegenstände ist, die wir nachträglich auch bewerten. Wertneutralität ist eine Hochstilisierung eines willentlichen Verhaltens. Die elementare Welt ist für uns eine Welt von Freunden und Feinden, Lockungen und Drohungen, Lust und Leid, Schönem und Häßlichem, Liebe und Haß. Die Naturwissenschaft bezeichnet eine kulturgeschichtliche Phase, und wir studieren in ihren subjektiven Bedingungen die Bedingungen einer Kultur. Wenn diese Kultur die Erfahrungen unterdrükken muß, welche die Souveränität des Ich bedrohen, so hat sie vielleicht damit ihre Aufgabe überzogen, die Aufgabe, das Brüderpaar Wille und Verstand voll auszubilden.

Wir wissen – oder wir wissen es eigentlich nicht mehr – wie die Welt den Kulturen erschien, deren Wahrnehmungsweise nicht vom Begriff dominiert war. Wir nennen diese Wahrnehmungsweise mythisch. Hier ist nun ein zentrales Problem zwischen Theologie und Naturwissenschaft. Alle unsere Religionen stammen, kulturgeschichtlich gesagt, aus der Welt des Mythos. Die Sprache unserer überlieferten Theologie ist bereits ein Kompromiß. Sie ist ein Kompromiß von Erfahrungen, die ihren direkten, spontanen Ausdruck in der Sprache des Mythos fanden und vielfach noch heute finden, mit dem ersten großen Werk begrifflichen Denkens, der griechischen Philosophie. Sie interpretiert bereits die mythische Bildersprache begrifflich und erzeugt sich selbst damit viele unlösbare gedankliche Probleme. In der Theologie unseres Jahrhunderts hat man zeitenweise gemeint, die Sache selbst könne klarer gesagt werden, wenn man entweder den mythischen Ausdruck oder seine philosophische Interpretation oder beide eliminiert. Man hat dabei übersehen, daß die Begrifflichkeit der Neuzeit für zentrale religiöse Erfahrungen überhaupt keinen angemessenen Ausdruck bereithält. Unvermerkt interpretierte man damit die religiöse Erfahrung in neuer Einseitigkeit; um die Stichwörter zu nennen, entweder durch das Gefühl oder existentiell oder gesellschaftlich. Solche Halbwahrheiten sind freilich historisch unvermeidlich. Sie gehören zu den Phänomenen des Synkretismus, welche den Wandel der Kulturen begleiten. Aber sie lösen die gestellte Erkenntnisaufgabe nicht. Diese besteht weder darin, die Religion zu ihrem Ursprung zurückzuführen, noch darin, ihren Ausdruck dem modernen Bewußtsein anzupassen, sondern darin, den im modernen Bewußtsein angelegten nächsten Erkenntnisschritt zu tun. Heisenbergs wissenschaftsimmanentes Bild der neuen abgeschlossenen Theorie, welche ihre Vorgängerin besser versteht als diese sich selbst verstanden hat, Hegels dialektisches Bild der in der späteren Stufe aufgehobenen früheren Stufe sind Andeutungen der Struktur solcher Schritte. Die Forderung ist also, die Naturwissenschaft selbst besser als bisher zu verstehen.

Der Inhalt der Physik. Er meldet sich als Wichtigstes bei der Frage nach einem besseren Verständnis der Naturwissenschaft. Es ist freilich heute üblich, das philosophische Verständnis der Wissenschaft als Verständnis ihrer Methode aufzufassen, mehr oder weniger unabhängig vom bearbeiteten Gebiet und den gefundenen Resultaten. Man interessiert sich für die Gesetzesförmigkeit der Naturgesetze und nicht für ihren Inhalt. Dies halte ich für einen philosophischen Irrweg. Inhaltlich kann ich diese meine Meinung im heutigen Vortrag nicht begründen; ich müßte dazu in mehr als einem Vortrag über die inhaltlichen Aussagen der Physik sprechen. Der philosophische Rahmen läßt sich aber vielleicht auch geistesgeschichtlich wenigstens andeuten. Wenn Kepler, Einstein oder Heisenberg die wunderbare Einfachheit und Schönheit der Naturgesetze, die sie entdeckten, mit einem Erlebnis religiöser Ehrfurcht aufnahmen, so wußten sie auch methodologisch genau, was sie sagten. Der Affekt, hier die Wahrnehmung des Abgrunds einer unaussprechlichen Schönheit, war bei ihnen, wie so oft im menschlichen Leben, der Wirklichkeit näher als die begriffliche Reflexion. Sie empfanden deutlich, daß bloßes methodisches Vorgehen sie vielleicht einige Regelmäßigkeit im Chaos hätte erwarten lassen dürfen, aber nicht diese ungeahnte Harmonie. Dem Alten seine Linien nachzeichnen, nannte Einstein das mit der unserem Jahrhundert naheliegenden Reserve des Ausdrucks. Man könnte meinen, Kants Wendung, die in den Gesetzen Bedingungen der Möglichkeit von Erfahrung sieht, verschiebe das Prinzip der Erklärung der Gesetze aus dem uns unbekannten göttlichen Geist in den uns bekannten Geist des Menschen, also letztlich vielleicht doch in die Methode. Aber Kant bezeichnet nur deutlicher, was unsere endliche Vernunft mit dem Anspruch theoretischer Erkenntnis behaupten darf. Daß Erfahrung überhaupt möglich ist, ist für Kant nicht weniger ein

Wunder als für Kepler die besonderen Gesetze, die er findet; es ist ihm ein regulatives Prinzip der Zweckmäßigkeit für die Urteilskraft. Was eine Analyse, die Kant folgt, allenfalls zeigen kann, ist, welche Gesetze gelten müssen, wenn Erfahrung möglich sein soll. Die Physiker verhalten sich also gegenüber dem, was ihre eigene Arbeit möglich macht, nicht weniger gläubig als der Gläubige einer Religion gegenüber seinem Gott.

Die Einheit des Subjekts. Hier muß ich nun doch einen Schritt tiefer ins Inhaltliche tun. Die Quantentheorie lehrt uns, die Objekte der Physik als Objekte für Subjekte zu verstehen. Wenn es überhaupt Objekte der Physik gibt, so gibt es Subjekte, für die sie Objekte sind. Dieser Begriff des Subjekts ist, kantisch gesprochen, transzendental. Die Biologie des erkennenden Subjekts umgekehrt findet die Subjekte als Organismen, also, wenn der Physikalismus richtig ist, als Objekte der Physik vor. Dieser Begriff des Subjekts ist, kantisch gesprochen, empirisch. Wie schließt sich der Ring? Ein Problem, das bei Kant erst im Opus posthumum anklingt und ungelöst zurückbleibt. Nun lehrt uns die Biologie des Subjekts das Ich als bloßes Organ einer umfassenderen Wirklichkeit auffassen. Dies steht im Einklang mit Kants These, das Subjekt kenne sich empirisch bloß als Erscheinung. Es steht auch im Einklang mit der Anwendung der Quantentheorie auf das empirische Subjekt. Nach der Quantentheorie ist jedes endliche empirische Objekt nur eine klassische Näherung. Ein empirisches Subjekt, das als Objekt der Physik beschrieben werden kann, ist also selbst nicht das wahre Subjekt, sondern nur seine Erscheinung. Wir dringen hier in ein naturwissenschaftlich noch kaum erforschtes Gebiet ein, in dem es bisher kaum mehr als philosophisch unüberprüfte kybernetische Hypothesen gibt. So kann die Wissenschaft heute hier bloß ein Problem statuieren, das sogar in seinem Status als Problem umstritten bleiben wird. Seine Dimension aber kann uns die Erinnerung an eine ihm genau angemessene überlieferte Philosophie vor Augen stellen.

Diese Philosophie ist uns in abendländischer Ausarbeitung als Neuplatonismus bekannt. Die Beschäftigung mit Platon selbst hat mich zu der Überzeugung gebracht, daß der Neuplatonismus eine zwar einseitig aufs Metaphysische bezogene, aber, soweit sie reicht, glaubwürdige Auslegung seiner Gedanken ist. In diesem Punkte verdanke ich übrigens den Tübinger Platonstudien wesentliche Förderung. Ich beschränke mich aber für den heutigen Vortrag auf eine verkürzende, moderne Ausdrücke nicht vermeidende Paraphrase der zentralen Gedanken Plotins. Das Prinzip ist das Eine. Das Eine ist jenseits des Begriffs, denn jede Prädikation würde ihm Vielheit zusprechen, schon durch den Unterschied von Subjekt und Prädikat. Also ist das Eine jenseits der Substanz; selbst daß es sei, kann nicht gesagt werden. Das Prinzip des Wissens aber ist der *Nus* – was die deutsche Philosophie mit Geist übersetzt hat –, der in ewiger Gegenwart das Eine weiß. Ihm entspringt das dritte Prinzip, die Weltseele, die, in die Vielheit entlassen, sich und alles durch sie Seiende bewegt. Die menschlichen Seelen sind Folgen dieser Teilung. Sie sind, wie spätere Lehren gesagt haben, göttliche Funken. Sie haben ihre Unsterblichkeit in der ewigen Teilhabe am *Nus*; die Rückkehr aus der Vielheit zur Einheit ist für sie das Innewerden dessen, was sie immer gewesen sind. Diese Philosophie bot die natürliche Begrifflichkeit für die europäische Mystik, und, in etwas verschiedenen Ausprägungen, faktisch für die christliche Theologie des ersten Jahrtausends, bis zum Eindringen des arabisch vermittelten Aristotelismus. Sie ist aber auch erstaunlich nahe der indischen Vedanta-Philosophie, in der es letztlich nur *eine* Wirklichkeit, das eine göttliche Selbst gibt, das Selbst jedes endlichen Ich, das sich als Ich im Strom

179

der millionenfachen Gestalten vorfindet und sich auf sich selbst besinnt. Hinter dieser Verwandtschaft der Lehren, wie immer die historischen Einflüsse gelaufen sein mögen, steht ohne Zweifel eine verwandte meditative Erfahrung.

In den letzten zehn Jahren habe ich verschiedentlich wahrgenommen, daß der Strom indischer (und ostasiatischer) Lehren, der jetzt Europa und noch mehr Nordamerika erreicht, gerade bei philosophisch fragenden Physikern theoretisches Interesse wachgerufen hat. In der Tat ist das, was ich über die Organfunktion des Ich und über die Spiegelung der Rückseite des Spiegels gesagt habe, im Rahmen der Vedanta-Philosophie denkbar, anders als im traditionellen Leib-Seele-Dualismus, und auch anders als in demjenigen Materialismus, der sich seiner durch den monistischen Ansatz erzeugten Wesensidentität mit dem Spiritualismus nicht bewußt werden möchte. Außerdem wird die empirische Denkweise des Naturwissenschaftlers angesprochen durch das Angebot des dieser Philosophie zugeordneten unabsehbaren realen Erfahrungsfeldes der Meditation. Die Mystik, durch die Willens- und Verstandeskultur fast aus dem Westen vertrieben, kehrt aus dem Osten als Stillung eines plötzlich entdeckten spirituellen Durstes zu uns zurück.

Es ist aber die Gefahr solcher Erweckungsbewegungen, daß wir, statt Schritt für Schritt auf einem eröffneten Weg zu gehen, uns süchtig einer erhofften Erlösung in den Arm werfen. Nehmen wir an, das, was ich zuletzt gesagt habe, bezeichne einen möglichen gedanklichen Rahmen einer Naturwissenschaft, die das Subjekt nicht mehr ausschließt, so wird jeder Schritt auf ihrem Weg so anstrengend sein wie intellektuelle Schritte es immer waren, und vielleicht zugleich so schmerzhaft wie die kritischen Phasen der reifenden Selbsterkenntnis. Ich bezeichne zum Schluß nur noch einen Zusammenhang neuzeitlicher Wissenschaft mit der christlichen

Theologie, auf den wir bei diesem Fortschreiten unfehlbar stoßen werden. Er betrifft die Bedeutung der Zeit. In den Platonismus, so wie er sich dargeboten hat, können wir schon deshalb nicht zurückkehren, weil ihm die geschichtliche Zeit nicht zum zentralen Thema geworden ist, so wenig wie den alten asiatischen Lehren. Für die Naturwissenschaft ist die Zeit offenbar zentral in der Evolutionstheorie. Es ist charakteristisch für die heutige geistige Lage, daß neuere indische Denker wie Aurobindo gerade den Evolutionsgedanken übernommen haben, wenn auch wieder in etwas synkretistischer Weise. Hinter der Evolutionslehre im Sinne Darwins steht aber eine dort nicht artikulierte Auffassung der Zeit, die ihre angemessene Formulierung m.E. erst in der Physik findet, und zwar da, wo sie zugleich die thermodynamische Irreversibilität und die prognostische Funktion der Quantentheorie erklärt. Es handelt sich hier nur sekundär um den sogenannten Ablauf der Zeit, primär um die Zeitmodi, etwa um die Erläuterung der Vergangenheit als gegenwärtige Faktizität, der Zukunft als gegenwärtige Möglichkeit. In der Philosophie ist das in Heideggers *Sein und Zeit* und in einem nur unvollständig veröffentlichten Entwurf Georg Pichts analysiert. Christlichen Theologen andererseits ist es heute etwas Selbstverständliches, daß das Denken der Bibel die geschichtliche Zeit voraussetzt.

Ich plädiere hier aber noch einmal nicht für eine voreilige Identifikation, sondern für einen langen Weg der Arbeit. Die Wissenschaft muß sich soviel Zeit nehmen wie der Mann, der am Tag vor dem angekündigten Jüngsten Gericht einen Apfelbaum pflanzt. Wir müssen den Weg der Ernüchterung über das Ich, den die bisherige Wissenschaft schon eingeschlagen hat, noch einmal und weiter als sie gehen, wissend, daß wir eben damit gewissen Grunderfahrungen der Religion von neuem Sprache verleihen. Die Erfahrung des nichtendenden

Leidens der Geschöpfe, die Erfahrung meiner unverzeihlichen Schuld ist nicht die Widerlegung der Religion, sondern der Eintritt in sie. Diese Erfahrung hat sich freilich in aller bisherigen Religion in einem Erwachen ausgedrückt, das die scheinbar logisch zwingenden Konsequenzen aus der mythischen Selbstauslegung der Religion zerbricht. Der Hybrid von Mythos und Begriff, der überlieferte Religion heißt, und dessen Funktion es ist, die Unbedrohtheit des Ich zu garantieren, zerbricht an diesen Erfahrungen der Wirklichkeit, und jenseits des Bruchs wartet die in den überlieferten Begriffen unaussagbare Erfahrung, die im Christentum Gnade heißt. Ich darf in dieser Stiftskirche in die Sprache meiner lutherischen Tradition zurückkehren. Was ist das *servum arbitrium*, der unfreie Wille? Natürlich bezeichnet es nicht den Determinismus, eine abwegige Antwort auf eine nicht zu Ende gedachte Fragestellung. *Arbitrium* ist der freie Wille, der Wille des Ich, das zu entscheiden vermag. *Liberum arbitrium* ist der den Affekten überlegene freie Wille des stoischen Weisen, der gemäß der Natur des Menschen lebt, wie diese Philosophie sie statuierte. *Servum arbitrium* in Luthers Sinne aber ist nicht der den Affekten unterworfene Wille. Es ist vielmehr das Ich selbst, enthüllt als gefesselt in seinem eigenen Willen, in seiner Selbstbehauptung. Glaube, wie Luther ihn verstand, ist die Hingabe dieser Selbstbehauptung an Gott.

Ich breche hier ab. Nicht weil die Reihe der Fragen beendet wäre; eher umgekehrt, weil sich auf dem jetzt eingeschlagenen Weg eine vorerst unbegrenzte Reihe von Fragen ankündigt. Es scheint, als hätten wir einen Weg gefunden, auf dem religiöse und wissenschaftliche Erfahrung einander im Detail begegnen und damit einander Schritt für Schritt erläutern und brüderlich kritisieren können. Die etwas vereinfachte Vorstellung einer einzigen Gottesfrage wird nun aufgegliedert in viele detaillierte Fragen. In diesen einzelnen von uns gestellten Fragen arbeitet sich das aus, was ich eingangs die Frage Gottes an uns genannt habe. Sie ist, wenn ich im letzten Satz noch einmal ganz in der Sprache der überlieferten Religion sprechen darf, nicht bloß die Frage des richtenden, sondern des gnädigen Gottes.

Quellenhinweise

1. Rede zur Verleihung des Theodor-Heuss-Preises, Januar 1978. Gedruckt in: *Süddeutsche Zeitung* vom 24. 1. 1978. Ein Sonderdruck dieses Textes ist auf Wunsch des Bundespräsidenten in Übereinkunft mit den Kultusministern der Länder in den Oberstufen der Gymnasien verteilt worden.

2. Vortrag zum Jubiläum des Niedersächsischen Landtags. Gedruckt in: *Niedersächsischer Landtag, Festsitzung aus Anlaß des 30jährigen Bestehens des Niedersächsischen Landtages am Freitag, dem 13. Mai 1977, 10.30 Uhr, im Niedersächsischen Landtag.* Herausgeber: Der Präsident des Niedersächsischen Landtages. Druck: Hahn-Druckerei Hannover.

3. Vortrag gehalten am 9. März 1978 im Wissenschaftszentrum Bonn. Gedruckt in: *Bulletin der Bundesregierung* Nr. 26 vom 14. 3. 1978 sowie in: *Die Zeit* vom 24. März 1978.

4. Soll vor Erscheinen des Buchs im Merkur gedruckt werden.

5. Vortrag in Bethel. Oktober 1977. Gedruckt in: *Bethel, Beiträge aus der Arbeit der v. Bodelschwinghschen Anstalten in Bielefeld-Bethel,* Heft 18. Bethel, Dezember 1977, sowie im *Allgemeinen Deutschen Sonntagsblatt* vom 11., 18. und 23. Dezember 1977.

6. Bisher unveröffentlichte Aufzeichnung.

7. Vortrag gehalten in Tübingen. Gedruckt in: *Heute von Gott reden,* herausgegeben von Martin Hengel und Rudolf Reinhardt, Kaiser/Grünewald, München/Mainz, 1977.